# DER ACHTSAME ANWALT
## Notfallkoffer für
### ALLE Stressgeplagten

INA BRINKMANN, LL.M. (London)

Entfalten Sie Ihr volles Potential

**Bibliografische Information der Deutschen Nationalbibliothek**
Die Deutsche Nationalbibliothek verzeichnet diese Publikation
in der Deutschen Nationalbibliothek; detaillierte bibliografische
Daten sind im Internet über http://dnb.dnb.de abrufbar.

DER ACHTSAME ANWALT
Notfallkoffer für ALLE Stressgeplagten

ISBN 978-3-00-063755-1

2. Auflage 2024
©2019 Ina Brinkmann, LL.M. (London). Printed in Germany. Alle Rechte vorbehalten, einschließlich die des Nachdrucks von Auszügen, Illustrationen, Zeichnungen, Diagramme, Modellen und Logos, der fotomechanischen Wiedergabe und der Übersetzung. *Eine Anmerkung finden Sie auf Seite 214.

Illustrationen, Zeichnungen, Modelle und Diagramme: Esther Schaarhuels

## Entfalten Sie Ihr volles Potential

*"Over the years, meditation practice has come to play a large part in the lives of many lawyers, as they have started to bring mindfulness into their own work as professors, public interest lawyers, judges, and mediators. Research has also shown that mindfulness is directly related to improving skills essential to a lawyer's work: the capacity to listen fully during a client interview; the cultivation of empathy, which makes the lawyer a more effective advocate and counselor; the ability to remain focused and to see complex courtroom situations from multiple perspectives. And of course, mindfulness helps lawyers deal with the problem of stress and anxiety that overwhelms many of them and saps spontaneity and happiness from their professional lives."*

**CHARLIE HALPERN**
**FOUNDER OF THE BERKELEY INITIATIVE FOR MINDFULNESS IN LAW AT UNIVERSITY OF CALIFORNIA, BERKELEY SCHOOL OF LAW**

Entfalten Sie Ihr volles Potential

*Mein Anspruch und Ansporn bestehen darin, für Sie einen konkreten Mehrwert zu schaffen.*

*Veränderungen und Weiterentwicklungen sind möglich.*

*In diesem Buch zeige ich Ihnen wie.*

**INA BRINKMANN, LL.M. (LONDON)**

## ÜBER DIE AUTORIN

Ina Brinkmann, LL.M. (London) war Rechtsanwältin, Solicitor of England & Wales, zertifizierte Mediatorin, zertifizierte Meditations- und Yogalehrerin und achtsame Coachin.

Die Autorin war mehrere Jahre für namhafte internationale Kanzleien in London und München tätig. Sie kannte die Anforderungen und Herausforderungen, vor denen Juristen tagtäglich stehen. Ina Brinkmann hat an der Ludwig-Maximilians-Universität in München Rechtswissenschaften studiert. Nach Abschluss des Zweiten Staatsexamens und Zulassung zur Rechtsanwaltschaft ging sie nach London, um an der Queen Mary University of London einen Masterstudiengang (LL.M.) zu belegen. Nach erfolgreichem Abschluss dieses Studiums hat sie sich als Solicitor of England & Wales qualifiziert. Außerdem hat sie eine Ausbildung zur zertifizierten Mediatorin an der Justus-Liebig-Universität in Gießen abgeschlossen. Darüber hinaus hat sie erfolgreich eine mehrjährige Ausbildung an einer akkreditierten Schule für Yoga und Meditation beendet und teilgenommen an Fortbildungen des Psychologen Prof. Paul Gilbert, PhD., University of Derby, ehemals Direktor des Mental Health Research Unit beim Derbyshire Mental Health Trust und Begründer der Compassion Focused Therapy.

Die Autorin setzte sich schon als junger Mensch mit Achtsamkeit auseinander und verfügte über eine über 18-jährige Yoga- und Meditationserfahrung. Sie hatte es sich zur Aufgabe gemacht, Menschen in Berufen mit hohem Stressfaktor, z. B. Juristen, aber auch allen anderen Menschen mit einem herausfordernden Alltag, mithilfe von kompaktem Wissen, einfachen Übungen und effektiven Strategien den Nutzen von Achtsamkeit für den beruflichen und persönlichen Erfolg sowie die Gesundheit zu vermitteln.

In liebevoller Erinnerung an unsere so sehr vermisste Tochter

Ina Brinkmann

die niemals aufgegeben hat und stolz wäre, dass ihr Buch veröffentlicht wird.

In Liebe
Deine Familie

## INHALTSVERZEICHNIS

**Über die Autorin** 5

**Vorwort** 12

**Einführung** 14

**Erstes Kapitel: Achtsamkeit** 17
- Was ist Achtsamkeit? 17
- Ursprung der Achtsamkeit 21

**Zweites Kapitel: Stress, Menschen in stressigen Berufen und Achtsamkeit** 22
- Gefangen in der Stresssituation 22
- Warum Achtsamkeit praktiziert werden sollte 25
- Wie kann Achtsamkeit Stress reduzieren, die Leistungsfähigkeit erhöhen und Sie beruflich erfolgreicher machen? 27

**Drittes Kapitel: Die Achtsamkeitspraxis** 33
- Die Basics: Wie Sie lernen, achtsamer zu werden 33
- Die richtige Sitzposition in der Meditation 34
- Der Atem: Inhale – Exhale – Repeat 48
- Die Denkfalle: Keine Zeit – gibt es nicht 55

**Viertes Kapitel: Achtsamkeit nach Themengebieten** 57
1. Achtsamkeit im Arbeitsalltag 57
2. Freude und Erfüllung finden im Beruf: Der Weg zum Glück
   - Praktische Beispiele, die zeigen, wie Achtsamkeit helfen kann, eine glücklichere und befriedigendere Arbeitspraxis zu etablieren 61
3. Achtsamkeit als Erfolgsfaktor: Umsetzung von Achtsamkeit für den beruflichen Erfolg 69
4. Achtsame Pause: Treffen Sie Entscheidungen ganz bewusst 74

| | |
|---|---|
| 5. Achtsames Sprechen, achtsames Zuhören | 79 |
| 6. Achtsamkeit: Ihre Geheimwaffe in der Verhandlung | 80 |
| 7. Konzentration steigern | 82 |
| 8. Durchsetzungsvermögen entwickeln | 84 |
| 9. Das Verhältnis zu Mandanten beziehungsweise Kunden, Kollegen und Vorgesetzten verbessern | 91 |
| 10. Wie Menschen in stressigen Berufen mit Kunden oder wie Juristen mit schwierigen Mandanten besser umgehen | 93 |
| 11. Erfolgreiche Akquisitionen | 96 |
| 12. Emotionale Intelligenz und Empathie entwickeln | 99 |
| 13. Authentizität: Acting from the Inside Out | 102 |
| 14. Selbstvertrauen und Resilienz in herausfordernden Situationen | 105 |
| 15. Selbstbewusstsein stärken | 106 |
| 16. Klarheit entwickeln | 107 |
| 17. Selbstfürsorge: Kümmern Sie sich um sich selbst zuerst; erst dann helfen Sie anderen! | 109 |
| 18. Mit Druck und Stress besser umgehen: Stressabbau | 120 |
| 19. Burn-out vorbeugen | 123 |
| 20. Examensstress | 135 |
| 21. Die richtige Jobwahl: Finden Sie Ihre Bestimmung – finden Sie Ihre Leidenschaft | 139 |
| 22. Lernen Sie, Ihrer inneren Stimme zu folgen | 142 |
| 23. Neustart – Reset | 143 |
| 24. Seien Sie optimistisch | 145 |

**Trainingsplan: 8-Wochen-Programm**
„Der achtsame Anwalt – Notfallkoffer für ALLE Stressgeplagten" **147**
Dazu Praxisübungen siehe folgende Seite.

**Schlusswort** **208**

Literaturempfehlungen und Quellen 210

## Praxisübungen zum 8-Wochen-Programm

| | |
|---|---|
| Die richtige Sitzhaltung in der Meditation | 34 |
| Schneidersitz | 35 |
| Halber Lotussitz | 36 |
| Chin-Mudra = Handstellung – vertieft die Konzentration | **37** |
| Apan-Vayu-Mudra = Handstellung – bei stressbedingten Herzproblemen | **37** |
| Fersensitz | 38 |
| Auf einem Stuhl sitzend | 39 |
| Sitzmeditation | 42 |
| Gehmeditation | 44 |
| Achtsam essen (Achtsam trinken) | 47 |
| Beobachten des Atems | 48 |
| Bauchatmung | 49 |
| Wechselatmung | 51 |
| Meditation für Freude und Glück | 67 |
| Dankbarkeitsmeditation | 68 |
| Visualisierung I | 72 |
| Visualisierung II | 73 |
| Achtsame Pause | 75 |
| Kalesvara-Mudra = Handstellung – für einen klaren Kopf | **77** |
| Achtsames Atmen | 79 |
| Sehen Sie eine Aufgabe mit anderen Augen | 84 |
| Thymusdrüse klopfen | 87 |
| Stehende Haltung "Baum" | 89 |
| Nutzen Sie den Atem als Ruhepol | 95 |
| Mit Achtsamkeit in den Tag starten | 103 |
| Körperscan | 113 |
| Achtsamer Spaziergang | 119 |
| Pran-Mudra = Handstellung – bei Abgespanntheit und Nervosität | **128** |
| Umkehrhaltung Schulterstand (Kerze) | 129 |
| Umkehrhaltung an der Wand | 132 |

Entfalten Sie Ihr volles Potential

**LEGENDE**

   Markiert die Praxisübungen

   Markiert das 8-Wochen-Programm

## VORWORT

Dieses Buch habe ich aufgrund meiner Erfahrung als Anwältin geschrieben.
Es ist gleichermaßen für Menschen in rechtsberatenden Berufen wie Juristen und für alle, die einen stressigen Beruf und Alltag haben, geeignet. Ich gebe Denkanstöße und zeige Wege und Möglichkeiten auf, wie Sie Ihre Achtsamkeit erhöhen, Ihre Kapazität und Belastbarkeit erweitern, Stress reduzieren, mehr Freude und Zufriedenheit erlangen und gesund bleiben können.

Mit Hilfe von Achtsamkeitspraktiken haben Sie die Möglichkeit, unter anderem

- Konzentration und Fokus zu verbessern,
- die Aufmerksamkeit zu schärfen,
- das Gedächtnis zu verbessern,
- Ihre Produktivität zu erhöhen,
- Klarheit zu entwickeln,
- Ihr Selbstbewusstsein zu stärken,
- Ihre Kommunikationsfähigkeit zu verbessern,
- die Entscheidungsfähigkeit zu fördern,
- emotionale Intelligenz, Stärke, Mitgefühl zu entwickeln,
- ausgeglichener zu sein,
- mehr Lebensfreude zu verspüren,
- das Wohlbefinden zu verbessern,
- mit negativen Emotionen besser umzugehen,
- Resilienz zu entwickeln, Stress und Angst zu bewältigen,
- Ihren Geist zu beruhigen, den Körper zu entspannen,
- Ihren Schlaf zu verbessern,

- Ihre körperliche und psychische Gesundheit zu stärken,
- Schmerz und Leid zu lindern.

Möge dieses Buch auch Ihnen helfen, Ihr volles Potential zu entfalten.

**Ina Brinkmann, LL.M. (London)**
**Rechtsanwältin, Solicitor of England & Wales, zertifizierte Mediatorin, zertifizierte Meditations- und Yogalehrerin, achtsame Coachin.**

PS: Die Hinweise und Tipps in diesem Buch sind für alle Menschen gleich wertvoll. Zur besseren Lesbarkeit wird das generische Maskulinum verwendet, die Personenbezeichnungen beziehen sich aber – sofern nicht anders kenntlich gemacht – auf alle Geschlechter.

## EINFÜHRUNG

Dieses Buch macht Sie mit den Grundlagen der Achtsamkeitspraxis bekannt und bietet neben kompaktem Wissen und effektiven Strategien für Anfänger und fortgeschrittene Achtsamkeitspraktiker die Möglichkeit, das eigene Üben zu unterstützen und zu inspirieren. Die Anleitungen zu den einzelnen Übungen habe ich bewusst einfach gehalten. Ihre wiederholte Lektüre empfehle ich dennoch, um die Anweisungen zu verinnerlichen.

Darüber hinaus ist das Buch ein Nachschlagewerk, geordnet nach Themengebieten. Die korrespondierenden Übungen und Strategien können Sie gezielt immer dann anwenden, wenn bei Ihnen ein bestimmtes Thema aktuell ist, ein Problem auftaucht oder Sie Hilfe benötigen. Das Buch dient somit sozusagen auch als „Notfallkoffer" beziehungsweise „Rettungsring".

Daneben möchte ich Ihnen mit diesem Buch ein 8-Wochen-Programm mit Praxisübungen zugänglich machen. Dieses kann als Anleitung zur Entwicklung einer eigenen persönlichen Achtsamkeitspraxis genutzt werden. Es bleibt natürlich Ihnen überlassen, wie Sie vorgehen möchten. Ich empfehle Ihnen, sich acht Wochen lang an das von mir entworfene Programm zu halten und sich erst im Anschluss daran, Ihr individuelles Übungsprogramm zusammenzustellen.

**„Der achtsame Anwalt – Notfallkoffer für ALLE Stressgeplagten"** ist in vier Kapitel mit einem Trainingsplan gegliedert. Jedes Kapitel bringt Ihnen Achtsamkeit näher. Im *ersten Kapitel* erläutere ich Ihnen, was Achtsamkeit eigentlich bedeutet. Im *zweiten Kapitel* zeige ich Ihnen auf, warum Achtsamkeit gerade Menschen in stressigen Berufen wie Juristen, aber auch Menschen im Alltagsstress helfen kann, besser, leistungsfähiger und erfolgreicher im Beruf sowie glücklicher und gesünder zu sein. Umso wichtiger ist es, auch den Zusammenhang zwischen Stress und Leistung zu verstehen, den ich Ihnen im selben Kapitel erläutere. In *Kapitel drei* beginnen die Praxisübungen. Sie lernen die Sitzmeditation, einschließlich geeigneter Sitzhaltungen und verschiedener Atemtechniken wie die Atembeobachtung, Bauchatmung und Wechselatmung, kennen. Auch gebe ich Ihnen einen kurzen Überblick über informelle Achtsamkeitspraktiken. Hierzu gehören das achtsame Gehen und das achtsame Essen. Im *vierten Kapitel* habe ich Achtsamkeit nach verschiedenen Themengebieten gegliedert. Dieses Kapitel ermöglicht Ihnen, gezielt Wissen, Strategien und Praxisübungen zu bestimmten Themen abzurufen, wenn Sie es benötigen.

Im Trainingsplan „Der achtsame Anwalt – Notfallkoffer für ALLE Stressgeplagten" habe ich ein achtwöchiges Programm zusammengestellt, in dem Sie Schritt für Schritt Praxisübungen und Strategien ausprobieren beziehungsweise umsetzen können. Er hilft Ihnen dabei, eine Routine in der Achtsamkeitspraxis zu entwickeln. Jede Woche steht unter einem anderen Fokus. Das Programm enthält darüber hinaus Hinweise auf relevante Themengebiete aus dem vorangegangenen Kapitel, die begleitend gelesen und die darin enthaltenen Übungen und Strategien zusätzlich je nach der Ihnen zur Verfügung stehenden Zeit, umgesetzt werden können.

Wie auch immer Sie dieses Buch nutzen, setzen Sie die Praxisübungen stets mit Hingabe, Disziplin, Freude und einer gewissen Neugierde um. Beobachten Sie, was mit Ihnen geschieht, wenn Sie üben. Betrachten Sie das Ganze als Experiment. Die Achtsamkeitspraxis wird Ihr Leben auf beruflicher und privater Ebene bereichern und ihm Ausrichtung geben.

**Lesen Sie dieses Buch und gehen Sie auf Ihre ganz persönliche Entdeckungsreise.**

Entfalten Sie Ihr volles Potential

"**MINDFULNESS** *is the perfect awareness technique to employ when a conflict arises — at both work and home.*"

**THE HARVARD BUSINESS REVIEW**

# ERSTES KAPITEL: ACHTSAMKEIT

WAS IST ACHTSAMKEIT?

ACHTSAMKEITSPRAKTIKEN SIND WORK-OUT FÜR DAS GEHIRN

Unsere Wahrnehmung ist ein komplexer Prozess der Informationsgewinnung und Reizverarbeitung. Die Reizverarbeitung erfolgt subjektiv, das heißt jeder Mensch nimmt individuell wahr. Ein wichtiger Parameter unserer Wahrnehmung ist Achtsamkeit. Achtsamkeit ist eine qualifizierte Aufmerksamkeit, die es ermöglicht, jede innere und äußere Erfahrung im gegenwärtigen Moment vorurteilsfrei wahrzunehmen. Mit zunehmender Achtsamkeit reduzieren sich gewohnheitsmäßige, automatische und unbewusste, häufig emotionsgeladene Reaktionen. Dies führt zu einem hohen Maß an situationsadäquatem, authentischem und selbstbewusstem Handeln. **Mit anderen Worten:** Mit der Achtsamkeitspraxis wird eine Aufmerksamkeit entwickelt, die es uns erlaubt, ohne zu urteilen und mit Gleichmut sämtliche Erfahrungen zu registrieren, zum Beispiel Gefühle, Gedanken, Objekte, Personen und Situationen.

Für den Begriff „Achtsamkeit" gibt es viele Definitionen.

Prof. Jon Kabat-Zinn[1] definiert Achtsamkeit wie folgt: *„Achtsamkeit bedeutet: Auf eine bestimmte Weise aufmerksam zu sein, bewusst im gegenwärtigen Augenblick und ohne zu urteilen. Achtsam zu sein bedeutet, wach zu sein. Es bedeutet, zu wissen, was wir tun."*
    Thich Nhat Hanh, ein vietnamesischer buddhistischer Mönch und weltweit bekannter Zenmeister, sagt, Achtsamkeit sei *„das Bewusstsein für die gegenwärtige Wirklichkeit wach zu halten."*
Und für den 14. Dalai Lama, die höchste religiöse Autorität des buddhistischen Tibet, Tenzin Gyatso, bedeutet Achtsamkeit: *„Dass wir*

---

[1] Prof. Jon Kabat-Zinn, emeritierter Professor an der University of Massachusetts Medical School und Gründer des Center for Mindfulness in Medicine, Health Care and Society.

*ganz bei unserem Tun verweilen, ohne uns ablenken zu lassen."* Das Oxford Mindfulness Centre, University of Oxford, Kellog College, definiert Achtsamkeit (Englisch: *Mindfulness*) so: *"Mindfulness is a moment-to-moment awareness of one's experience, without judgement."*

Für mich bedeutet Achtsamkeit:
*„Ohne zu urteilen und mit Akzeptanz die Wirklichkeit (den gegenwärtigen Augenblick) so wahrzunehmen, wie sie ist."*

Denn zu oft sehen wir die Dinge nicht, wie sie sind, sondern wie wir sie durch unsere subjektiven Brillengläser wahrnehmen. Oft sind wir nicht "MINDFUL", also nicht achtsam. Stattdessen ist unser "MIND", das heißt unser Geist, "FULL", also voll oder abgelenkt. Meist geben wir den Dingen keinen Raum, sondern projizieren viel zu viel von uns selbst in eine Situation hinein. Wir haben bereits vorgefertigte Meinungen, Annahmen und Vorstellungen davon, wie die Dinge und Menschen sind und wie sie zu sein haben. Dies hindert uns daran, die Welt wirklich unvoreingenommen wahrzunehmen und verleitet uns dazu, zu schnell zu urteilen. Wenn wir aber durch Achtsamkeitspraktiken Raum schaffen, Raum zwischen unseren Gedanken, haben wir das Potential, der Wirklichkeit näherzukommen und sie so wahrzunehmen, wie sie tatsächlich ist.

In diesem Sinne wird der Begriff Achtsamkeit hier von mir verwendet.

Gerne vergleiche ich die Erfahrung von Achtsamkeit mit einer Weinprobe. Das mag sich im ersten Moment etwas seltsam anhören. Dieser Vergleich macht es aber in der Tat für viele Menschen einfacher und nachvollziehbar, was mit Achtsamkeit gemeint ist. Auch wenn sie keinen Alkohol trinken, sind die meisten Menschen mit dem Ablauf einer Weinprobe vertraut. In der Weinprobe wird der Wein ganz bewusst über die Augen, die Nase, die Zunge und den Abgang wahrgenommen. Mit den Augen beurteilen wir die Farbe, die Klarheit und Reinheit des Weins. Mit der Nase nehmen wir den Geruch des Weins in all seinen Facetten wahr. Der Wein wird ganz langsam

„geschlürft". Wir belassen den Wein für einen Moment im Mund und überprüfen ihn mit unserer Zunge auf seinen Geschmack. Große Weine werden bei einer Weinprobe auch getrunken, also heruntergeschluckt, damit der Abgang besser beurteilt werden kann. Der Abgang vermittelt einen Eindruck darüber, wie der Wein schmeckt. Fazit ist, dass wir all unsere Sinne brauchen, um das volle Aroma des Weins „einzufangen". Genauso verhält es sich auch mit der Achtsamkeit. Nur wenn wir alle unsere Sinne aktivieren und ohne zu urteilen das akzeptieren, was ist, sind wir in der Lage, die Wirklichkeit so - also ohne unsere subjektiv gefärbte Sicht der Dinge – wahrzunehmen wie sie ist.

Prof. Jon Kabat-Zinn sagt hierzu passend:

*„Die beste Möglichkeit, Momente einzufangen, ist aufmerksam zu bleiben. So kultivieren wir unsere Achtsamkeit. Achtsamkeit bedeutet wach zu bleiben. Es bedeutet zu wissen, was wir gerade tun." „Achte einfach auf den jetzigen Moment, ohne zu versuchen, ihn auf irgendeine Weise zu verändern. Was passiert? Was fühlst Du? Was siehst Du? Was hörst Du?"*

Achtsamkeit ist auch eine Lebenseinstellung. Eine achtsame Lebensweise, die durch das regelmäßige Üben von Achtsamkeit über einen längeren Zeitraum aufgebaut werden kann, verändert unsere Perspektive und verhilft uns zu einer neuen, bewussten und gelasseneren Lebenshaltung. Je achtsamer wir sind, desto mehr hören wir auf, uns mit unseren Gedanken und Gefühlen, den Fluktuationen des Geistes, zu identifizieren und die Welt durch unsere subjektiven Brillengläser zu betrachten. Achtsamkeit setzt keinesfalls ein religiöses oder spirituelles Leben voraus. Heutzutage wird die Praxis von Achtsamkeit weltweit als mentales Training betrieben. Wie das Wort „Achtsamkeitspraxis" schon sagt, ist es eine Praxis, die – wie körperliches Training – voraussetzt, dass man sich darin übt. Es ist nicht ausreichend, sie zu verstehen. Achtsamkeit ist wie ein Muskel, der langsam aufgebaut und konsequent trainiert werden muss.

Entfalten Sie Ihr volles Potential

*"The results suggest that participation in MBSR (Mindfulness-Based Stress Reduction) is associated with changes in gray matter concentration in brain regions involved in learning and memory processes, emotion regulation, self-referential processing, and perspective taking."*

**Mindfulness practice leads to increases in regional brain gray matter density,** Hölzel, Britta K. (a, b), Carmody, James (c), Vangel, Mark (a), Congleton, Christina (a), Yerramsetti, Sita M. (a), Gard, Tim (a, b), Lazar, Sara W. (a), Psychiatry Research: Neuroimaging
Volume 191, Issue 1, S. 36-43 (Jan. 2011).

(a) Massachusetts General Hospital, Harvard Medical School, Boston
(b) Bender Institute of Neuroimaging, Justus-Liebig-Universität, Gießen, Germany
(c) University of Massachusetts Medical School, Worcester, MA, USA

## URSPRUNG DER ACHTSAMKEIT

Die Achtsamkeitspraxis kommt ursprünglich aus dem Buddhismus.

Heutzutage findet Achtsamkeit abseits religiöser Bewegungen immer mehr Anklang (sog. "Secular Mindfulness"/„Weltliche Achtsamkeit"). So wird sie zum Beispiel als "Mindful Leadership", also achtsame Führungskompetenz im Zusammenhang mit Selbstführung, Mitarbeiterführung, Teamleitung, Gesprächsführung, Entscheidungsfindung und Organisationsentwicklung von Führungskräften sehr geschätzt.

Weltweit populär ist auch die achtsamkeitsbasierte Stressreduktion ("Mindfulness-Based Stress Reduction", kurz: "MBSR"), ein von Prof. Jon Kabat-Zinn in den 1970er Jahren in den Vereinigten Staaten von Amerika entwickeltes Programm zur Stressbewältigung. Ursprünglich wurde das Programm für Menschen mit chronischen Beschwerden entworfen. MBSR wird heute an vielen Kliniken und Gesundheitszentren auf der ganzen Welt im Rahmen verschiedener Therapiemethoden eingesetzt. So kombiniert auch die "Mindfulness-Based Cognitive Therapy", kurz: "MBCT", die von den Psychotherapieforschern und kognitiven Verhaltenstherapeuten Zindel V. Segal, J. Mark G. Williams und John D. Teasdale entwickelt wurde, MBSR nach Prof. Jon Kabat-Zinn mit der kognitiven Verhaltenstherapie bei Depressionen.

Doch darüber hinaus hat Prof. Paul Gilbert PhD.[2] die "Compassion Focused Therapy", kurz: "CFT", gegründet. Dies ist eine Psychotherapie, die auf der Grundlage der Psychologie Achtsamkeitspraktiken aus dem Buddhismus in die kognitive Verhaltenstherapie integriert. Der Schwerpunkt liegt beim (Selbst-) Mitgefühl ("Compassionate Mind Training").

---

[2] Prof. Paul Gilbert PhD., University of Derby, ehemals Direktor des Mental Health Research Unit beim Derbyshire Mental Health Trust.

## ZWEITES KAPITEL: STRESS, MENSCHEN IN STRESSIGEN BERUFEN UND ACHTSAMKEIT

### GEFANGEN IN DER STRESSSITUATION

Die Unfähigkeit, Tätigkeiten unvoreingenommen auszuführen, liegt in der Natur des Menschen. Unsere Aufmerksamkeit wandert ständig, und wir scheinen nie da zu sein, wo wir sein wollen. Fakt ist, dass der gegenwärtige Moment uns häufig entgeht. Meistens funktionieren wir nur, der sogenannte „Autopilot" ist eingeschaltet. Wenn wir einmal bewusst darauf achten, wo sich unser Geist von Augenblick zu Augenblick befindet, stellen wir fest, dass wir viel Zeit und Energie dafür aufwenden, um Vergangenem nachzutrauern oder in der Zukunft zu schwelgen. Es ist, als ob wir nicht wirklich da wären, *„als ob das Licht an, aber keiner zu Hause ist"*[3]. Wir sind daher meistens nicht in der Lage, wirklich flexibel und situationsabhängig zu reagieren. Stattdessen werden unser Erleben, Verhalten und Reagieren durch eben diese automatisierte, halbbewusste Aufnahme und Verarbeitung von Informationen mechanisch und unflexibel. Dies ist vor allem in Stresssituationen der Fall.

In Stresssituationen schaltet sich der Überlebensreflex "**Fight-or-Flight**" ein, auch **„Kampf-oder-Flucht-Reaktion"** genannt. Diese Stressreaktion ist eine dem Menschen ureigenste, durch die Evolution geformte Anpassungsmöglichkeit des Körpers in Gefahrensituationen mit dem Ziel, das Überleben zu sichern. Es ist eine Alarmreaktion, die uns in eine erhöhte Abwehr- und Fluchtbereitschaft versetzt, und die bei einer „Bedrohung" automatisch erfolgt. Das Gehirn veranlasst, dass vermehrt Adrenalin freigesetzt wird, Herzschlag und Atemfrequenz erhöhen sich, unsere Muskeln spannen sich an. Andere energieverbrauchende Körperprozesse hingegen werden automatisch unterdrückt, da sie in der akuten Situation entweder unnötig oder

---

[3] Langer, Ellen J., *Mindfulness: Das Prinzip der Achtsamkeit: Die Anti-Burn-Out Strategie* (2005).

behindernd sind. Wir sind sozusagen „gefangen" in der Stressreaktion. Es ist so gut wie unmöglich, klar zu denken. Der heutige Mensch kann in der Regel, im Gegensatz zum Tier, aber weder fliehen noch kämpfen. Beim Menschen kann diese Alarmreaktion deshalb nur in Gefahrsituationen mit körperlichen Anforderungen hilfreich sein, zum Beispiel, wenn wir von einem wilden Tier angegriffen werden. Jedoch nicht, wenn wir vor Gericht sind, eine wichtige Besprechung haben oder Verhandlungen führen.

Leider wird das Stresssystem allzu leicht aktiviert. So kann es geschehen, dass die Mühen des Arbeitsalltags uns in eine permanente Alarmbereitschaft versetzen. Eine Episode akuten Stresses ist vergleichbar mit einem Sprint, also einer kurzfristigen Höchstleistung. Chronischer Stress ist, so die Stressforscherin Prof. Elissa Epel PhD.[4], ein Marathonlauf, der sich aus vielen kurzen Sprints zusammensetzt. Diese Dauererregung des sympathischen Nervensystems führt zu einer nachhaltigen Störung des Organismus. Damit verbunden können unter anderem Bluthochdruck, Herzrhythmusstörungen, Kopfschmerzen und Depressionen sein.

Auch beruflich wirkt sich Stress negativ aus. Der mit zunehmendem Stresslevel einhergehende Leistungsabfall wird im Diagramm auf Seite 24 veranschaulicht.

---

[4] Prof. Elissa Epel PhD. vom Department of Psychiatry, University of California San Francisco (UCSF).

## LEISTUNG-STRESSLEVEL RELATION

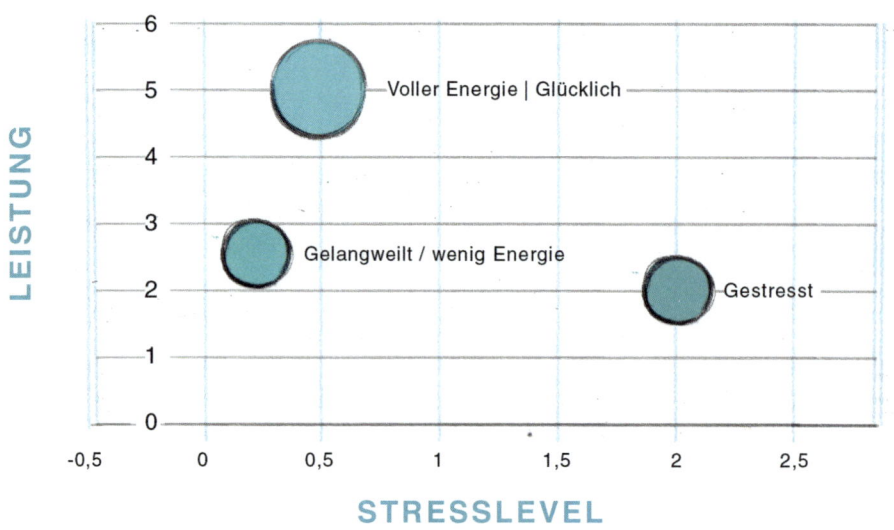

Diagramm: Leistung-Stresslevel

WARNZEICHEN BEI STRESS

- Ist der Nacken steif?

- Atmen Sie nicht mehr tief ein und aus, sondern nur noch flach?

- Knirschen Sie mit den Zähnen? Ist Ihr Kiefer verspannt?

## ZU DEN WEITEREN WARNZEICHEN BEI STRESS GEHÖREN

- Abgeschlagenheit
- Konzentrationsstörungen
- Müdigkeit
- Gereiztheit
- Schlafstörung
- Verstopfung oder Durchfall
- Herzrasen
- Rückenschmerzen
- Schweißausbrüche

## WARUM DURCH DEN ARBEITS- UND LEBENSALLTAG GESTRESSTE MENSCHEN ACHTSAMKEIT PRAKTIZIEREN SOLLTEN

Achtsamkeit ist eine Schlüsselkompetenz für Menschen in stressigen Berufen oder in einer herausfordernden Lebenssituation. Eine Reihe von Faktoren, die stressigen Berufen innewohnen, macht Achtsamkeit besonders gut geeignet für diese Berufsgruppe. So ist beispielsweise der Beruf des Anwalts wie auch anderer Berufsgruppen hektisch, herausfordernd und nur bedingt planbar. Er stellt immer höhere Anforderungen. Neben der täglichen Arbeit gehören tägliche Meetings, Telefonate und Weiterbildungen zum Arbeitsalltag.

Hinzu kommen permanenter Zeitdruck, lange Arbeitszeiten und ständige Erreichbarkeit via Telefon, Internet und das 24 Stunden am Tag. Entsprechend groß ist die Gefahr, dass Menschen im Arbeits- und Lebensalltag irgendwann Getriebene sind, die nur noch reagieren statt agieren. Genauso groß ist die Gefahr, dass sie mit der Zeit ihre innere Ruhe, Zufriedenheit, Gelassenheit und Gesundheit verlieren Darunter leidet auch ihre Leistung. Achtsamkeit kann immer helfen, die Herausforderungen, vor denen Sie stehen, zu meistern.

Weniger Stress, Entschleunigung, schärfere Wahrnehmung, Aufmerksamkeit und Empathie, höhere Zufriedenheit, mehr Selbstsicherheit und Gesundheit – das alles und viel mehr kann der erreichen, der sich in mehr Achtsamkeit übt.

**Wie können wir unsere Leistungsfähigkeit erhöhen, emotional intelligent und emphatisch handeln, mehr Freude und Zufriedenheit im Beruf und Alltag finden und somit für Dritte, beispielsweise Mandanten beziehungsweise Kunden, einen Mehrwert bieten?**

**Stress und die Gefahr von Burn-out sind im Arbeitsalltag allgegenwärtig. Doch wie können wir Stress reduzieren und gesund bleiben?**

Entfalten Sie Ihr volles Potential

WIE KANN ACHTSAMKEIT STRESS REDUZIEREN, DIE
LEISTUNGSFÄHIGKEIT ERHÖHEN UND SIE BERUFLICH
ERFOLGREICHER MACHEN?

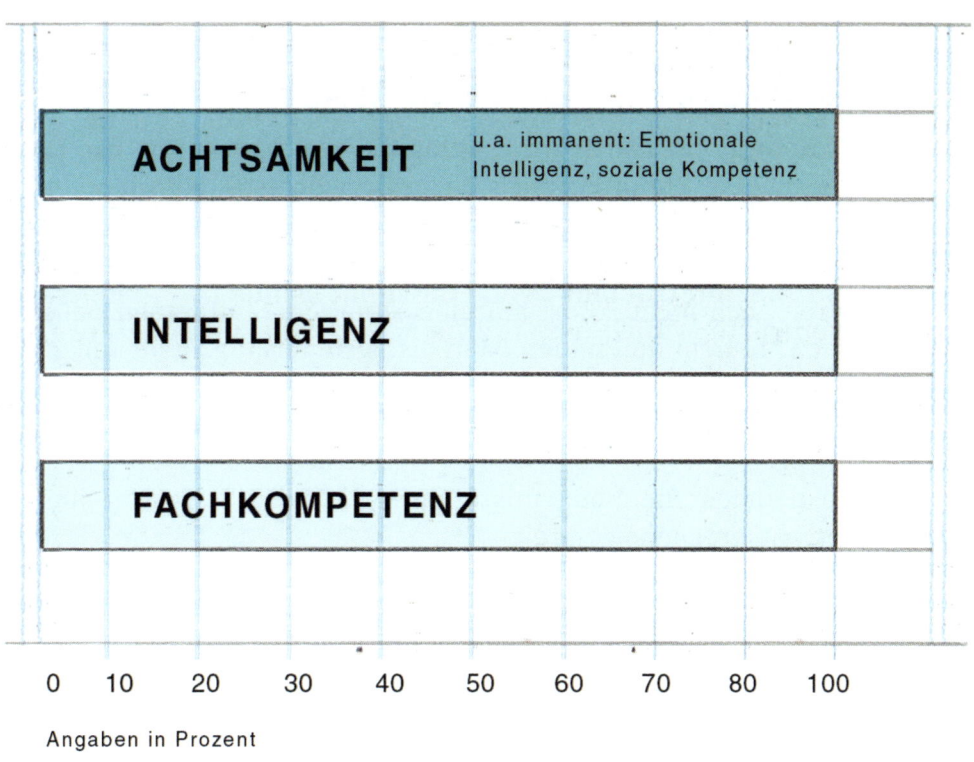

Diagramm: Kompetenzvoraussetzungen für beruflichen Erfolg

Achtsamkeit ist neben Fachkompetenz und Intelligenz eine unerlässliche Kompetenzvoraussetzung für den beruflichen Erfolg (siehe Diagramm).

Gründe für die herausragende Bedeutung von Achtsamkeit für den beruflichen Erfolg gibt es viele. Einige davon habe ich hier aufgelistet:

✓ Durch Achtsamkeit bleibt Ihr Gehirn gesund und funktionstüchtig. Nur so können Sie die richtigen Entscheidungen treffen und sich vor Stress schützen.

✓ Achtsamkeit hilft Ihnen dabei, sich zu fokussieren. So arbeiten Sie effizienter.

✓ Sie sind sich der Emotionen anderer Menschen bewusst. So können Sie besser auf andere eingehen und ihnen mehr Mitgefühl entgegenbringen.

✓ Achtsamkeit erhöht die Präsenz für die Konfliktlösung. Sie sind mitten im Geschehen und nicht abgelenkt durch Emotionen oder Gedanken. Damit erhöht sich die Aufmerksamkeit für das Gesagte. Sie reagieren auch nicht sofort auf eine Situation. Stattdessen pausieren Sie einen Moment und finden dann die beste Lösung. Achtsamkeit hilft Ihnen somit zu agieren, anstatt nur zu reagieren. Die Qualität der Streitlösung verbessert sich dadurch.

✓ Sie nehmen die Bedürfnisse Ihres Körpers bewusst wahr und können entsprechend agieren.

✓ Durch Achtsamkeit werden Sie ruhiger, stabiler und souveräner. Stellen Sie sich Ihren Geist als Ozean vor. Die Meeresoberfläche ist rau, die Wellen kommen und gehen. So sieht auch Ihr Geist aus, die Gedanken kommen und gehen. Im Gegensatz dazu ist es auf dem Grund des Ozeans ganz still und ruhig. Dies ist der Zustand der Achtsamkeit, der Zustand des Seins. Das ist unser Wesenskern. Dieser lässt sich durch nichts aus der Ruhe bringen. Durch Achtsamkeit verbinden Sie sich mit dieser ruhigen, starken und stabilen Kraft. Sie werden sich Ihrer Gedanken bewusst und können diese mit einer gewissen Distanz anschauen. Sie identifizieren sich nicht mit Ihren Gedanken. Sie sind nicht in ihnen gefangen. Sie sind der durch nichts zu erschütternde Wesenskern.

✓ Die herausragende Bedeutung von Achtsamkeit ergibt sich nicht zuletzt daraus, dass Sie sich selbst und andere durch Achtsamkeit (korrekt) wahrnehmen, verstehen und beeinflussen können.

Das **Modell „Der achtsame Unterschied"** [5] (siehe Seite 31) veranschaulicht, wie Achtsamkeit auf die Wahrnehmungs- und Veränderungskompetenz Ihrer eigenen Persönlichkeit und die Wahrnehmungs- und Veränderungskompetenz in Bezug auf Dritte, wie beispielsweise Mandanten beziehungsweise Kunden, Kollegen, Vorgesetzte etc. Einfluss hat. Mit Achtsamkeit können Sie beispielsweise Ihre persönlichen Werte nicht nur erkennen (Wahrnehmungskompetenz), sondern auch leben (Veränderungskompetenz). Sie haben das Potential, Veränderung herbeizuführen. Dies kann bedeuten, dass Sie zum Beispiel einen Neustart wagen. Wahrnehmungs- und Veränderungskompetenz betrifft aber nicht nur Sie persönlich, sondern auch Ihre Wahrnehmung und Ihr Verhalten in Bezug auf Dritte. Dies bedeutet, dass Sie mit Hilfe von Achtsamkeit das Potential in sich tragen, die Bedürfnisse von anderen nicht nur zu erkennen (Wahrnehmungskompetenz), sondern auch zu erfüllen (Veränderungskompetenz).

**Möchten Sie etwas verändern?**

**Heute ist ein guter Tag, um damit anzufangen.**

---

[5] *Das Modell ist inspiriert von eigenen Achtsamkeitserfahrungen und vom Four-Quadrant Leadership Modell von Daniel Goleman. Ich habe das Modell „Der achtsame Unterschied" genannt.*

Entfalten Sie Ihr volles Potential

*"A pivotal moment for our species to come to our senses."*

**PROF. JON KABAT-ZINN
EMERITIERTER PROFESSOR
UNIVERSITY OF MASSACHUSETTS MEDICAL SCHOOL
GRÜNDER DES CENTER FOR MINDFULNESS IN MEDICINE,
HEALTH CARE AND SOCIETY**

# DER ACHTSAME UNTERSCHIED

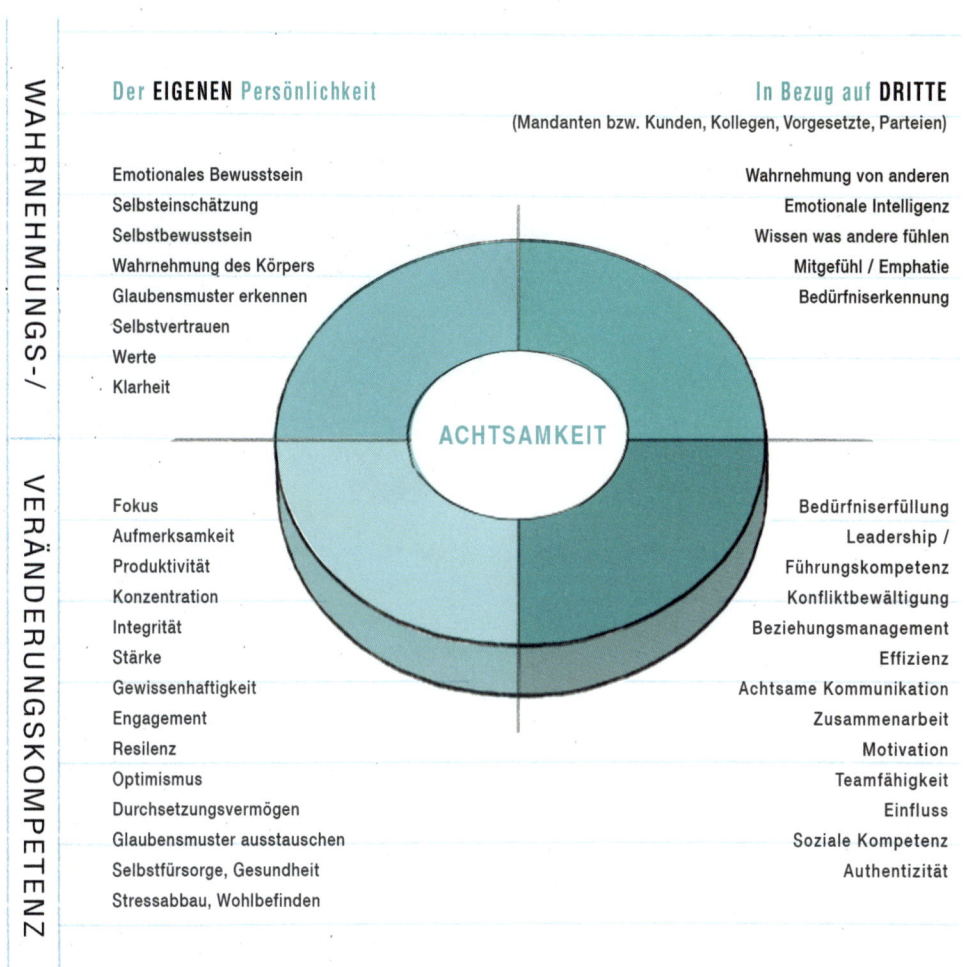

Modell: Der achtsame Unterschied

Entfalten Sie Ihr volles Potential

*"You will never change your life until you change something you do daily. The secret of success is found in your daily routine."*

**JOHN C. MAXWELL
NEW YORK TIMES BESTSELLER AUTOR UND
EXPERTE IN FÜHRUNGSFRAGEN**

## DRITTES KAPITEL: DIE ACHTSAMKEITSPRAXIS

DIE BASICS: Wie Sie lernen, achtsamer zu werden.

**Sie wollen die Welt verändern? Verändern Sie sich selbst zuerst.**

WIE ÜBT MAN ACHTSAMKEIT?

Um Achtsamkeit zu praktizieren, müssen Sie sich keine Kutte überwerfen oder singend Schriftsätze verfassen. Achtsamkeit lässt sich leicht erlernen und in den Alltag integrieren.

DIE PRAXIS

Es gibt viele Möglichkeiten, Achtsamkeit zu praktizieren. Die Achtsamkeitspraxis wird meist in Form von Sitzmeditation geübt. Sie können aber auch im Gehen meditieren (siehe Seite 44).

Meditation ist die bewusste Beobachtung von Geist und Körper. Man lässt jeden Augenblick, alles Erlebte, das heißt Gefühle, Gedanken und Emotionen zu und akzeptiert es, ohne zu werten. Durch Meditation schaffen wir Distanz. Der Zustand beziehungsweise die Position, in den/in die wir durch die Meditation gelangen, ist vergleichbar mit einem unparteiischen Beobachter, einem Zeugen.

Meditation schafft Klarheit und auch die Freiheit, die Situation von einem objektiven Standpunkt zu beurteilen und entsprechend zu agieren, anstatt zu reagieren. **Es ist so, als würden wir bis zehn zählen, bevor wir reagieren, wenn wir wütend sind.** Der Atem hilft uns dabei, nach innen zu gehen und die Gedanken zu beruhigen. So vergrößern wir den Raum zwischen den Gedanken. Gleichzeitig hält Meditation uns einen Spiegel vor. So lernen wir uns selber besser kennen. Sie werden erstaunt sein, was sich alles in der Meditation abspielt und sich in Ihrem wahren Leben widerspiegelt und umgekehrt. Dazu können beispielsweise Eigenschaften wie Ungeduld, Bequemlichkeit, Nervosität, Durchhaltevermögen usw. gehören.

**Achtsamkeit wirkt dem Alterungsprozess des Gehirns entgegen**

Achtsamkeitspraxis in Form von Meditation ist ein "Work-out" für unser Gehirn, welches den Alterungsprozess des Gehirns bei regelmäßigem Üben über einen längeren Zeitraum verlangsamen kann und so abnehmender Gedächtnis- und kognitiver Leistung entgegenzuwirken vermag.

**Die richtige Sitzhaltung in der Meditation**

Es gibt unterschiedliche Sitzhaltungen für die Meditation. Ich habe hier die gängigsten, ohne Anspruch auf Vollständigkeit, aufgeführt. Ziehen Sie die Schuhe aus. Wählen Sie eine Sitzposition, die für die Dauer der Meditation angenehm ist. **Sie können auch nur mit nach vorne ausgestreckten Beinen auf dem Boden sitzen.** Egal welche Position Sie auswählen, wichtig ist, dass der untere Rücken stets gerade und dass die Position schmerzfrei ist.

**VORSICHT ist geboten**, wenn Sie an Durchblutungsstörungen, arteriosklerotischen Prozessen, Problemen mit den Knien (beispielsweise Arthrose oder Meniskusschäden) leiden. In diesen Fällen sollten Sie auf einem Stuhl meditieren (siehe Seite 39).

## PRAXISÜBUNG: SCHNEIDERSITZ

Setzen Sie sich mit nach vorne ausgestreckten Beinen auf den Boden oder auf ein Sitzkissen. Wenn Sie eine bequeme Sitzposition gefunden haben, kreuzen Sie die Beine, sodass der linke Fuß das rechte Knie und der rechte Fuß das linke Knie unterstützen. Der Rücken ist gerade, die Schultern sind entspannt. Legen Sie die Hände auf den Oberschenkeln ab.

## PRAXISÜBUNG: HALBER LOTUSSITZ

Langzeitübende mit Erfahrung, setzen sich für den halben Lotussitz mit nach vorne ausgestreckten Beinen auf den Boden oder auf ein Sitzkissen. Bewegen Sie Ihr Gesäß sanft hin und her und spüren Sie die Sitzhöcker auf dem Boden/Sitzkissen. Wenn Sie eine bequeme Sitzposition gefunden haben, ziehen Sie einen Fuß an die Leistenbeuge, den anderen Fuß heben Sie auf den Oberschenkel. Die

Fußsohlen zeigen nach oben. Die Knie bleiben am Boden.

Achten Sie darauf, dass der Rücken gerade ist. Die Schultern sind entspannt. Formen Sie mit den Händen die Handstellung, Chin Mudra. Dafür bringen Sie die Fingerspitzen von Zeigefinger und Daumen zusammen und strecken die restlichen Finger aus. Die Handflächen zeigen nach oben.

**CHIN MUDRA**

Chin Mudra ändert den Energiefluss in unserem Körper und führt zu einer Ausdehnung unseres Bewusstseins, wobei die Konzentration vertieft wird.

**TIPP:**

Gerade am Anfang der Meditationspraxis fällt es vielen Menschen schwer, für eine längere Zeit zu sitzen. Gehören Sie dazu, strecken Sie die Beine kurz aus. Wenn Sie körperliche Reaktionen wie Verspannungen oder Kälte spüren, machen Sie vor der Meditation ein kurzes Stretching. Die Zeitspanne, in der schmerzfreies Sitzen während der Meditation möglich ist, wird mit zunehmender Übungspraxis immer länger.

**APAN-VAYU-MUDRA**

Hilfe bei stressbedingten Herzproblemen:
- Der Zeigefinger wird so gebeugt, dass er den Daumenballen berührt.
- Die Spitze des Daumens berührt die Mittel- und Ringfingerspitzen.
- Strecken Sie den kleinen Finger aus.

Die Mudra wird möglichst mit beiden Händen ausgeführt.

## PRAXISÜBUNG: FERSENSITZ

Setzen Sie sich auf Ihre Fersen, sodass der Fußrücken auf den Boden drückt. Die Oberschenkel sind parallel. Der Rücken ist gerade. Die Hände liegen entspannt auf den Oberschenkeln. Die Schultern sinken nach hinten und unten. Alternativ können Sie sich mit etwas auseinanderstehenden Unterschenkeln hinknien, in die entstandene Lücke ein Kissen legen und sich daraufsetzen.

Entfalten Sie Ihr volles Potential

## PRAXISÜBUNG: AUF EINEM STUHL SITZEND

Wenn Sie keine Sitzposition finden, in der Sie angenehm, ohne Schmerzen sitzen können oder Vorsicht geboten ist, meditieren Sie auf einem Stuhl. Wichtig dabei ist, dass die Füße und insbesondere die Fußsohlen stets einen guten Kontakt zum Boden haben. Ich rate, die Schuhe auszuziehen. Die Oberschenkel bleiben waagerecht zum

Boden. Richten Sie die Wirbelsäule gerade auf und heben Sie das Kinn parallel zum Boden. Die Hände legen Sie entspannt mit den Handflächen nach unten auf den Oberschenkeln ab.

**TIPP:** Es ist ratsam, die Sitzmeditation morgens, zum Beispiel nach dem Aufstehen, zu praktizieren. So profitieren Sie, den ganzen Tag über, von den positiven Wirkungen der Meditation. Alternativ üben Sie vor den Mahlzeiten, oder nutzen Sie die Zeit, die Sie zwischendurch zur Verfügung haben. Grundsätzlich gilt, dass Sie mit leerem Magen Achtsamkeitspraktiken üben sollen. Die letzte Mahlzeit sollte daher mindestens drei Stunden zurückliegen. Wenn Sie immer zu einer bestimmten Tageszeit üben, kann es sein, dass es Ihnen leichter fällt zu üben.

Stellen Sie sich einen Timer beziehungsweise benutzen Sie Ihr Handy mit Timer. So können Sie entspannt meditieren, ohne die Zeit immer im Auge haben zu müssen. Schaffen Sie eine angenehme Umgebung, in der Sie sich wohlfühlen. Wenn Sie es mögen, zünden Sie eine Kerze an oder stellen Sie Blumen auf.

Sorgen Sie auf jeden Fall dafür, dass Sie während der Meditation nicht gestört werden.

**Dauer: Üben Sie jeden Tag Achtsamkeit.** Üben Sie beispielsweise die Sitzmeditation, wie für das Training für einen Marathon. Beginnen Sie die Sitzmeditation mit einer Zeitspanne von drei Minuten und verlängern Sie dann die Zeitspanne bis zu einer Stunde pro Tag. Wenn Sie unter Zeitdruck stehen, denken Sie daran, dass Sie auch 5 Minuten Entspannungstechniken (siehe Seite 88 + 95) üben können.

**WICHTIG: Vergessen Sie nicht, dass Achtsamkeit eine Praxis ist, die stetig über einen längeren Zeitraum erlernt und geübt werden muss. Es ist nicht etwas, was man ein paar Mal macht und was dann für immer klappt. Achtsamkeit ist wie ein Muskel, der aufgebaut und ständig trainiert werden will.**

**ACHTSAMKEIT IST 99% ÜBUNG UND 1% THEORIE.**

**WICHTIG:** IHRE INTENTION

Finden Sie Ihre Intention, die Sie mit der Achtsamkeitspraxis verbinden. Die Intention zu finden ist ein zentraler Faktor, denn sie bestimmt über das Ergebnis einer Handlung. So kann beispielsweise das Üben von Achtsamkeit ohne eine bestimmte Absicht reine Entspannung oder Gymnastik sein.

Verbinden Sie Ihre Praxis jedoch mit einer bestimmten Absicht, so kann das Ergebnis viel mehr sein und weit darüber hinausgehen. Die Intention kann Ihnen dabei helfen, Ihr Bewusstsein zu erweitern, also achtsamer zu werden.

Es ist zu vergleichen mit dem Fliegen. Üben Sie ohne Intention, so sind Sie wie in einem Flugzeug, aber unten auf der Start- beziehungsweise Landebahn. Über Ihnen sehen Sie nur die grauen Wolken, die scheinbar das Ende des Himmels markieren. Ihre Sicht ist limitiert durch diese Wahrnehmung. Fliegen Sie aber los und durchbrechen die Wolkendecke, so erkennen Sie die Grenzenlosigkeit des Horizonts, den endlosen Himmel, die Sonne, die über den Wolken scheint oder den Mond und die Sterne.

Genauso verhält es sich mit der Intention. Ihre Intention kann das sein, was Sie dazu ermutigt, in ein Problem einzutauchen. Es kann das sein, was Ihnen die Angst nimmt loszufliegen. Halten Sie sich Ihre Intention immer wieder vor Augen. Vor allem dann, wenn es Ihnen nicht leicht fällt zu üben, wenn Sie die Übungen abbrechen oder unterbrechen wollen. Ihre Intention wird Ihnen die Kraft und den Ansporn geben, weiterzumachen.

### PRAXISÜBUNG: SITZMEDITATION

Die Sitzmeditation hat viele positive Wirkungen. **Sie reduziert Stress und Bluthochdruck. Auch hat sie das Potential, uns leistungsfähiger zu machen und die Konzentration zu erhöhen. Darüber hinaus macht die Sitzmeditation uns ruhiger und gelassener und kann dabei helfen, Freude zu empfinden.**

Im Folgenden finden Sie Schritte für eine Sitzmeditation. Der erste Schritt kann nach längerem Üben weggelassen werden. Anfängern kann er aber den Einstieg erleichtern. Vielen Menschen helfen auch Dehnungsübungen vor der Praxis den Einstieg in die Meditation:

1. Der erste Schritt ist, sich seines Atems bewusst zu werden. Dafür legen Sie sich entspannt auf den Rücken. Schließen Sie die Augen. Atmen Sie durch die Nase und spüren Sie, wie Ihr Atem in den Körper und aus dem Körper strömt. Nehmen Sie wahr, wie sich der Bauch mit jeder Einatmung hebt, und wie er sich mit jeder Ausatmung senkt. Kontrollieren und verändern Sie den Atem aber nicht.

2. Setzen Sie sich nun in eine bequeme, aufrechte Position (Sitzpositionen, siehe Seite 34 ff.). Sie können sich auf einen Stuhl setzen oder auf den Boden. Wichtig ist, dass die Wirbelsäule gerade gehalten wird. Legen Sie die Handflächen auf den Knien ab. Entspannen Sie Ihr Gesicht. Sitzen Sie still mit geschlossenen Augen und atmen Sie ruhig und bewusst. Lassen Sie den Atem fließen. Nehmen Sie in Ihrem Körper wahr, wie der Atem ein- und ausströmt.

3. Um die Konzentration auf dem Atem zu halten, sagen Sie sich nun innerlich mit der Einatmung *„Lass"* und mit der Ausatmung *„Los"* (Mantra aus dem Jivamukti Yoga). Alternativ zählen Sie beim Einatmen: 1-2-3-4 und beim Ausatmen: 1-2-3-4.

Wenn dabei Gedanken, körperliche Empfindungen und Emotionen auftauchen, nehmen Sie diese ganz bewusst wahr und lassen Sie sie dann wieder gehen (so wie die Wolken am Himmel). Bringen Sie Ihre Aufmerksamkeit zurück zu Ihrem Atem.

4. Direkt im Anschluss an die Meditation, legen Sie sich für ein paar Minuten mit geschlossenen Augen flach auf den Rücken und spüren der Übung nach. Entspannen Sie sich.

**Dauer: Anfangs 3 Minuten täglich. Mit zunehmender Praxis dehnen Sie die Meditation bis zu einer Stunde aus.**

**TIPP:**

Führen Sie ein Meditationstagebuch: Nehmen Sie sich ein paar Momente, um über die folgenden Fragen nachzudenken. Wenn Sie Lust haben, Ihre Antworten aufzuschreiben, können Sie dies in einem Meditationstagebuch tun.

---

Reflektieren Sie:

Was habe ich während der Meditation bemerkt? Was habe ich gefühlt?

War ich in der Lage, während der Meditation meine Aufmerksamkeit auf die Atmung zu richten?

Welche Gedanken, welche Gefühle kamen hoch?

Wie war es nach der Meditation? Wie habe ich mich gefühlt?

War es einfach oder schwierig für mich, zu meditieren?

Welche Unterschiede bemerke ich, je öfter ich meditiere?

---

### PRAXISÜBUNG: GEHMEDITATION

**Gehen ohne Ziel**

Suchen Sie sich eine gerade Strecke aus, auf der Sie fünfzehn bis zwanzig kleine Schritte auf und ab gehen können. Die Strecke kann sich drinnen oder draußen befinden. Ich empfehle Ihnen, barfuß oder auf Socken zu gehen. So können Sie den Boden besser unter Ihren Füßen spüren.

Beim achtsamen Gehen verbinden Sie Ihren Atem mit Ihren Schritten.

Gehen Sie Schritt für Schritt. Fühlen Sie den Kontakt der Füße mit dem Boden. Setzen Sie jeden Fuß langsam und bewusst auf. Achten Sie auf das Gefühl, das entsteht, wenn ein Fuß den Boden berührt und wenn er sich vom Boden löst. Seien Sie sich bewusst, dass Sie einen Schritt machen. Dafür halten Sie inne. Richten Sie Ihre gesamte Aufmerksamkeit auf den Atem und Ihre Schritte.
Seien Sie mit allen Sinnen präsent.
**Dauer: Bei der Gehmeditation wird anfangs nur eine kurze Wegstrecke zurückgelegt. Diese wird dafür mehrmals während der Meditation gegangen. Dauer: 10-15 Minuten.**

**WICHTIG** IST ES AUCH, EINE NEUE ROUTINE IM ALLTAG ZU ETABLIEREN.

INTEGRATION VON ACHTSAMKEIT IN DEN ALLTAG

Grundsätzlich kann die Achtsamkeitspraxis jederzeit erfolgen, bei allem was Sie tun. Machen Sie es sich daher zur Gewohnheit, das zu tun, was Sie gerade tun und tun Sie nur das. Seien Sie mit allen Sinnen präsent.

Nutzen Sie auch die folgenden Beispiele als Anregung zur Integration von Achtsamkeit in den Alltag.

Sie können Achtsamkeit beispielsweise praktizieren, wenn Sie im Gespräch mit einem Mandanten beziehungsweise Kunden oder im Alltagsgespräch sind. Hören Sie dafür Ihrem Gegenüber wirklich zu, seien Sie präsent, atmen Sie ein- oder zweimal tief durch und sammeln Sie sich und Ihre Gedanken, bevor Sie antworten. Sie können Achtsamkeit zudem üben, wenn Sie essen oder trinken. Bei Stress gerät der Speiseplan der meisten Menschen aus dem Lot. Ungesundes Essen und Trinken wie Fast Food und Kaffee treten dann an die Stelle von Obst, Gemüse und Wasser. Aber nicht nur die richtige Auswahl von Lebensmitteln, also das, „was" wir essen, ist wichtig, um uns widerstandsfähiger gegenüber Stress zu machen, sondern auch, „wie" wir essen.

ACHTSAMKEIT KANN AUCH DURCH ANDERE PRAKTIKEN GEÜBT WERDEN. HIERZU ZÄHLEN UNTER ANDEREM:

**Atemübungen** (siehe Seite 48 ff.),

**Körperscan** (siehe Seite 113 f.),

**Liebe-Güte-Meditation (Metta-Meditation)** (siehe Seite 100f.),

**Yoga** (siehe Seite 89 f., 126 ff.),

**Handstellungen (Mudras)** (siehe Seite 37, 77, 128),

**Mantren und Affirmationen**: Mantren und Affirmationen sind Sätze, die immer und immer wieder wiederholt werden, damit sie eine erwünschte Wirkung entfalten.

Entfalten Sie Ihr volles Potential

*„Wissen Sie, wie Sie achtsam atmen, können Sie sich im achtsamen Gehen, Sitzen, Essen und Arbeiten üben, und so werden Sie anfangen, sich selbst kennenzulernen. Beim Einatmen kommen Sie zu sich selbst zurück. Beim Ausatmen lassen Sie alle Anspannung los."*

**THICH NHAT HANH
VIETNAMESISCHER BUDDHISTISCHER MÖNCH UND
WELTWEIT BEKANNNTER ZENMEISTER**

## PRAXISÜBUNG: ACHTSAM ESSEN (ACHTSAM TRINKEN)

**Die Kunst, achtsam zu essen (achtsam zu trinken).**

Diese Übung praktizieren Sie am besten entweder alleine oder in Gesellschaft von Menschen, die ebenfalls achtsam essen (trinken).

Essen Sie, wenn Sie essen. Anstatt über Vergangenes nachzudenken und zu überlegen, was Sie alles noch hätten tun können, um den Fall doch noch zu gewinnen, oder sich zu überlegen, welche Telefonate als nächstes anstehen, nehmen Sie jeden Bissen ganz bewusst wahr. Schauen Sie das Essen an. Riechen Sie das Essen. Schmecken Sie das Essen und seine Zutaten ganz bewusst. Nehmen Sie wahr, wie gut das Essen schmeckt und wie Sie mit jedem Bissen satter und zufriedener werden.

Für diese Übung kann das **Konzept des „Anfängergeistes"** hilfreich sein: Tun Sie so, als ob Sie das erste Mal etwas Bestimmtes, zum Beispiel eine Mandarinenspalte, essen. Essen Sie mit der Neugier eines kleinen Kindes. Dazu gehört, die Mandarinenspalte zu riechen, das Aussehen zu erkunden und ganz bewusst zu genießen. Widmen Sie Ihre ganze Aufmerksamkeit dem Essen.

DER ATEM: INHALE – EXHALE – REPEAT!

Die kontrollierte Atmung gehört zu den wichtigsten Werkzeugen der Achtsamkeitspraxis. So birgt unser Bewusstsein für den Atem zahlreiche Vorteile für unser kognitives Funktionieren, unsere Gesundheit und Wohlbefinden. Die überragende Bedeutung des Atems lässt sich wie folgt veranschaulichen:

*„Unsere allererste Handlung im Leben ist es einzuatmen. Und was ist unsere letzte Handlung? Wir atmen aus.*
*Dazwischen passiert das, was wir das Leben nennen."*

**Wir schenken dem Atem viel zu wenig Aufmerksamkeit.**
**Er ist das Maß unseres Wohlbefindens: Flache Atmung versus Bauchatmung.**
Die meisten Menschen neigen dazu, flach zu atmen. Verfallen wir in Panik oder sind wir gestresst, atmen wir noch flacher und schneller. Im Gegensatz dazu, fühlt sich eine Bauchatmung, die sowohl den oberen als auch den unteren Teil der Lunge füllt, **beruhigend** an. **Die tiefe Bauchatmung unterstützt den vollen Sauerstoffaustausch, das heißt den Austausch von einströmendem Sauerstoff gegen Kohlenstoffdioxid.**

PRAXISÜBUNG: BEOBACHTUNG DES ATEMS

Finden Sie einen bequemen aufrechten Sitz (Sitzpositionen, siehe Seite 34 ff.). Schließen Sie die Augen. Lassen Sie Ihr Gesicht ganz weich werden und entspannen Sie die Schultern. Bringen Sie Ihre Aufmerksamkeit zum Atem. Nehmen Sie ganz bewusst wahr, wie der Atem kommt und wie der Atem geht. Beobachten Sie, wo sich Ihr Körper mit jeder Einatmung weitet. Beobachten Sie jeden Atemzug. Ist der Atemzug lang und tief oder kurz und flach? Versuchen Sie nicht,

den Atem zu verändern, sondern akzeptieren Sie ihn so, wie er ist. Verweilen Sie in der Beobachtung des Atems. Wenn Sie durch störende Gedanken oder Gefühle abgelenkt werden, bringen Sie Ihre Aufmerksamkeit wieder ganz bewusst zurück zum Atem.
**Dauer: 5-10 Minuten**

## PRAXISÜBUNG: BAUCHATMUNG

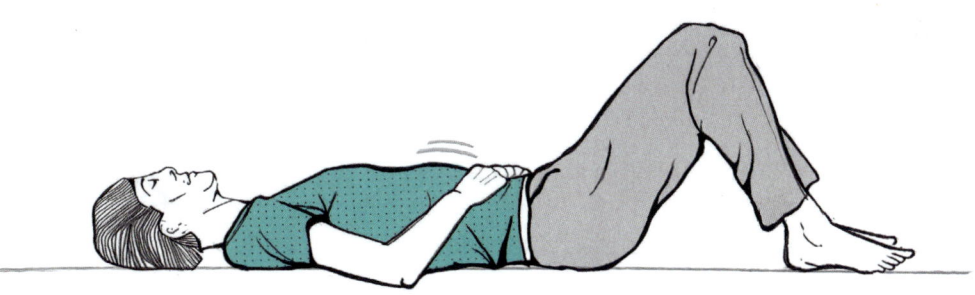

Bauchatmung ist die natürliche Atmung des Menschen. Leider haben viele von uns diese Atmung durch Stress bedingt wieder verlernt. **Durch die tiefe Bauchatmung nimmt unser Körper mehr Sauerstoff auf. Dadurch wird das Gehirn besser versorgt und wir haben mehr Kraft und Energie. Die Bauchatmung ist auch ein gutes Mittel, um Lampenfieber und Ärger loszuwerden und den Geist zu beruhigen.**

1. Legen Sie sich auf den Rücken. Legen Sie eine Hand mit der Handfläche nach unten auf Ihren Brustkorb. Ihre andere Hand legen Sie mit der Handfläche nach unten knapp unter den Bauchnabel.

2. Atmen Sie tief durch die Nase in den Bauch ein und tief aus dem Bauch durch den Mund aus, sodass sich der Unterbauch hebt und senkt. Wenn Sie flacher atmen, hebt sich nur Ihr Oberkörper.

3. Zählen Sie bei der Einatmung still und leise langsam bis drei (Ein: 1-2-3). Zählen Sie bei der Ausatmung ebenfalls langsam bis drei (Aus: 1-2-3). Wichtig ist, dass die Ein- und Ausatmung stets gleich lange dauern. Erhöhen Sie mit fortschreitender Übung die Zahl für die Ein- und Ausatmung auf sechs.

**Dauer: Üben Sie anfangs nur für ein paar Atemzüge. Weiten Sie die Praxis dann auf 10-15 Minuten aus.**

**PRAXISÜBUNG: BAUCHATMUNG MIT HOCHZIEHEN DES ATEMS BIS IN DEN BRUSTKORB**

4. Wer weitergehen will, atmet tief durch die Nase in den Bauch ein und zieht den Atem dann hoch bis in den Brustkorb. Atmen Sie die ersten Male die Luft durch den Mund aus.

5. Dann lassen Sie auch beim Ausatmen den Mund geschlossen und atmen ausschließlich durch die Nase aus. Zuerst atmen Sie die Luft aus dem Brustkorb, dann die Luft aus dem Bauch aus. Achten Sie auch hier darauf, dass die Ein- und Ausatmung gleich lange dauern.

6. Zählen Sie bis acht oder zehn bei der Ein- und der Ausatmung (Ein: 1-5-8/10. Aus: 1-5-8/10).

7. Nach der Übung bleiben Sie ein paar Minuten mit geschlossenen Augen auf dem Rücken liegen und spüren Sie der Übung nach. Atmen Sie normal weiter.

**Dauer: Üben Sie anfangs nur für ein paar Atemzüge. Weiten Sie die Übung dann auf 10-15 Minuten aus.**

**PRAXISÜBUNG: WECHSELATMUNG**

**Die Wechselatmung ist eine wunderbare Atemtechnik, welche Stress abbaut und Energie schenkt.** Der Wechselatmung sagt man nach, dass sie dabei hilft, Energiekanäle im Körper von Blockaden zu befreien. Der Atemrhythmus und der Kreislauf kommen wieder ins Gleichgewicht. Sie hilft auch dabei, die Energien im Körper auszugleichen und schafft eine balancierte Gehirnfunktion der linken und rechten Gehirnhälfte, weil man wechselnd durch das linke und durch das rechte Nasenloch atmet. **Die Wechselatmung unterstützt den Geist dabei, glücklich und ruhig zu sein.**

**Es ist VORSICHT geboten**, wenn Sie bei der Wechselatmung Schwindel verspüren. Dann gehen Sie wieder zu einer normalen Atmung über.

1. Setzen Sie sich bequem hin. Sie können eine der Sitzhaltungen der Sitzmeditation wählen (siehe Seite 34 ff.). Die Wirbelsäule ist gerade, die Schultern sind entspannt. Haben Sie ein sanftes Lächeln auf den Lippen.

2. Legen Sie die linke Hand mit der Handfläche nach unten auf Ihr linkes Knie. Wenn es angenehm ist, können Sie auch eine Mudra, das heißt Handstellung, einnehmen. Dafür drehen Sie die Handfläche nach oben, Daumen und Zeigefinger berühren sich an den Fingerspitzen (Chin Mudra), die restlichen Finger sind gestreckt.

3. Beugen Sie den Zeige- und den Mittelfinger der rechten Hand und legen Sie diese auf dem Ballen des rechten Daumens ab. Der Daumen dient dazu, das rechte Nasenloch zu schließen bzw. zu öffnen. Der Ringfinger schließt oder öffnet das linke Nasenloch. Schließen Sie die Augen.

4. Mit dem Daumen schließen Sie das rechte Nasenloch und atmen durch das linke Nasenloch vollständig aus.

5. Atmen Sie durch das linke Nasenloch ein und schließen es dann mit dem Ringfinger. Öffnen Sie das rechte Nasenloch und atmen dort aus.

6. Atmen Sie rechts ein und auf der linken Seite wieder aus. Das ist eine Runde Wechselatmung. Fahren Sie fort.

7. Vollenden Sie mehrere solcher Runden, indem Sie abwechselnd durch die jeweilgen Nasenlöcher atmen. Vergessen Sie nicht, nach jeder Ausatmung wieder durch dasselbe Nasenloch einzuatmen, durch das Sie ausgeatmet haben.

8. Lassen Sie die Ein- und die Ausatmung gleich lange dauern. Zählen Sie dafür bis vier mit der Einatmung (Ein: 1-2-3-4) und bis vier mit der Ausatmung (Aus: 1-2-3-4).

9. Wichtig ist, dass Sie die letzte Runde mit der Ausatmung durch das linke Nasenloch beenden. Bleiben Sie nach Beendigung der Übung für ein paar Minuten ruhig mit geschlossenen Augen sitzen und spüren der Übung nach. Atmen Sie normal. Gerne können Sie eine kurze Meditation (siehe Seite 40 f.) anschließen.

**Dauer: Fangen Sie mit acht Runden an und dehnen Sie die Übung mit der Zeit auf 5 Minuten aus.**

Entfalten Sie Ihr volles Potential

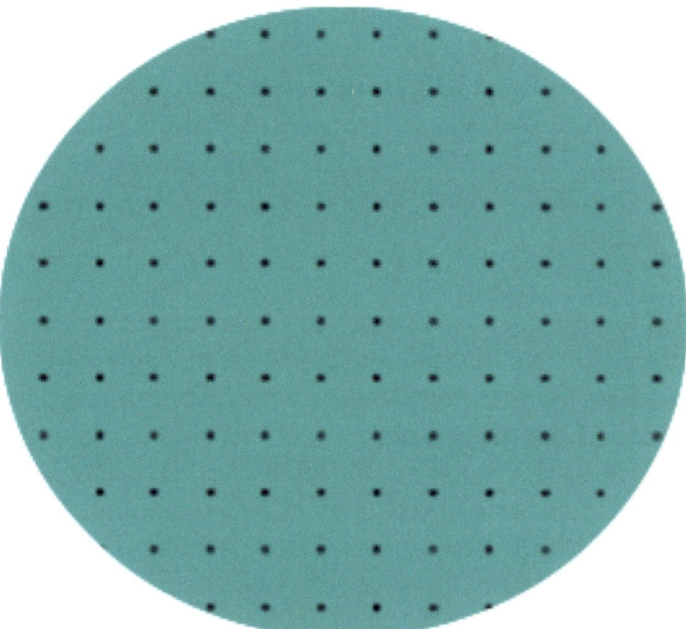

## DIE DENKFALLE: KEINE ZEIT - GIBT ES NICHT!

**Sie sagen, Sie haben keine Zeit, Achtsamkeit zu praktizieren?**

**Dann frage ich Sie: „Haben Sie Zeit zu atmen?"**

Der Atem ist immer bei uns- egal wo wir hingehen, egal was ist. Um uns in Achtsamkeit zu üben, müssen wir lediglich unsere Aufmerksamkeit auf den Atem bringen. Durch regelmäßiges Üben von Achtsamkeitspraktiken, seien es Atemübungen (siehe Seite 49 ff.) oder sonstige Übungen (wie beispielsweise die Sitzmeditation siehe Seite 42 f.), wird es Ihnen immer mehr gelingen, eine innere Haltung einzunehmen, welche Achtsamkeit ermöglicht. **Dies bedeutet: Wenn Sie täglich üben, machen Sie auch täglich Fortschritte.**

**TIPP:** Nutzen Sie auch Wartezeiten, wie beispielsweise im Auto an einer roten Ampel, beim Duschen, Zähne putzen, Abwaschen, Anziehen, E-Mails schreiben oder beim Warten auf den nächsten Gerichtstermin oder das nächste Meeting, um sich in Achtsamkeit zu üben. Als Erinnerung kann es hilfreich sein, sich ein *kleines rundes hellblaues oder türkises Post-It* an den Badezimmerspiegel, ins Auto oder an den Monitor zu kleben oder Achtsamkeitspausen in den Kalender einzutragen.

**WICHTIG:** BEDENKEN SIE BEI ALLEM, WAS SIE TUN: Unsere Gewohnheiten bestimmen den Erfolg im Leben. Wir brauchen 21 Tage, um eine neue Gewohnheit zu entwickeln. Während schlechte Gewohnheiten sich von selbst in unser Leben „schleichen", müssen wir, um eine positive Gewohnheit zu etablieren, eine bewusste Entscheidung treffen, dies oder jenes zu tun. Machen Sie sich daher klar, welche Gewohnheit Sie etablieren möchten, und treffen Sie diese Entscheidung ganz bewusst. Seien Sie vom Wert eines solchen Tuns überzeugt.

Entfalten Sie Ihr volles Potential

*"Meditation trains the mind and rewires the brain."*

**FINANCIAL TIMES**

## VIERTES KAPITEL: ACHTSAMKEIT NACH THEMENGEBIETEN

Haben Sie Fragen zu einem bestimmten Themengebiet? Brauchen Sie bei einem bestimmten Thema Hilfe? Lesen Sie sich die Ratschläge, korrespondierende Übungen und Strategien in Ruhe durch und lassen Sie sich inspirieren.

### 1. ACHTSAMKEIT IM ARBEITSALLTAG

**Hier** sind einige **TIPPS**, die Ihnen helfen, bewusster und präsenter bei der Arbeit zu sein:

✓ Pausieren Sie für ein paar Atemzüge, bevor Sie Ihren Arbeitstag beginnen. Treffen Sie die klare Entscheidung, präsent zu sein. Atmen Sie dafür jedes Mal, wenn Sie morgens in die Kanzlei beziehungsweise ins Büro kommen, erst einmal ein paar Mal bewusst tief durch und kommen Sie an.

✓ Getreu dem Motto „Eins nach dem anderen", machen Sie es sich zur Gewohnheit, immer nur eine Aufgabe auf einmal zu erledigen. Niemand ist multitaskingfähig. Das Gehirn kann sich nur auf eine, höchstens zwei komplexe Tätigkeiten gleichzeitig konzentrieren. Multitasking führt deshalb zu einem erheblichen Konzentrations- und Leistungsverlust und erhöhtem Stresspegel. Beginnen Sie eine Tätigkeit daher ganz bewusst und konzentrieren Sie sich darauf, während Sie diese verrichten. Beenden Sie die Tätigkeit genauso bewusst. Wenn Sie Ablenkungen vermeiden, fällt es Ihnen leichter sich auf das zu konzentrieren, was Sie gerade tun. Schalten Sie daher Ihr Telefon auf lautlos. Deaktivieren Sie auch E-Mail-Benachrichtigungen und planen Sie im Austausch dafür drei Mal pro Tag Zeit ein, um Ihren Posteingang zu checken.

Entfalten Sie Ihr volles Potential

*"NO JUSTICE, NO PEACE."*

*"NO PEACE, NO JUSTICE."*

✓ Wenn Sie angespannt sind, beruhigen Sie zuerst Ihr Nervensystem. Dafür atmen Sie ein paar Mal bewusst tief ein und tief aus. Hierbei ist es wichtig, dass die Ausatmung länger ist als die Einatmung. Beim Einatmen bis drei zählen (Ein: 1-2-3). Beim Ausatmen bis sechs zählen (Aus: 1-2-3-4-5-6).

✓ Um sich zu motivieren, halten Sie sich den Sinn Ihrer Arbeit, beispielsweise den entscheidenden Schriftsatz oder einen Brief zu verfassen, vor Augen.

✓ Üben Sie Achtsamkeit in Ihren Pausen. Machen Sie zum Beispiel einen kurzen achtsamen Spaziergang.

✓ Wenn möglich, stehen Sie jede Stunde von Ihrem Stuhl auf und dehnen, recken und strecken Sie Ihren Körper. Als Erinnerung stellen Sie sich einen Timer.

✓ Jedes Mal, wenn Ihr Telefon klingelt, atmen Sie tief durch und sammeln sich, bevor Sie abnehmen.

✓ Das nächste Mal, wenn Sie in Ihr Büro kommen oder einen anderen Menschen treffen, schauen Sie mehrmals hin. Meist tendieren wir dazu, etwas oder jemanden zu schnell in Kategorien zu stecken und gar nicht mehr richtig wahrzunehmen. Wir denken, wir kennen etwas oder jemanden, sehen nicht sorgfältig hin und nehmen daher unseren Gegenüber gar nicht mehr richtig wahr. Vielmehr verlassen wir uns auf das, was uns aus früheren „Treffen" an Gefühlen, Eindrücken, Einschätzungen geblieben ist. Machen Sie es sich daher zur Gewohnheit, ein zweites oder drittes Mal hinzuschauen, als ob es das erste Mal ist.

Das wird Ihnen auch helfen, ein besseres Arbeitsprodukt abzuliefern. Das nächste Mal, wenn Sie einen Schriftsatz oder einen Brief verfasst haben, lesen Sie diesen ein zweites oder drittes Mal durch, so als ob Sie ihn noch nicht kennen würden. Auf diese Weise werden Sie leichter Fehler erkennen, die Ihnen sonst verborgen geblieben wären.

Entfalten Sie Ihr volles Potential

*"I see the possibility that more complete integration of mindfulness into law practice and legal education could have important consequences for the way in which law is practiced, legal institutions function and legal doctrine evolves. Such changes could help us collectively deal with the profound challenges of the 21st century. It is hard to see how we will meet those challenges successfully without moving legal institutions in the direction of mindfulness and empathy."*

**LEONARD L. RISKIN, PROFESSOR OF LAW
NORTHWESTERN UNIVERSITY SCHOOL OF LAW
UNIVERSITY OF FLORIDA LEVIN COLLEGE OF LAW**

## 2. FREUDE UND ERFÜLLUNG FINDEN IM BERUF: DER WEG ZUM GLÜCK

**Praktische Beispiele, die zeigen, wie Achtsamkeit helfen kann, eine glückliche und befriedigende Arbeitspraxis zu etablieren.**

Harte Arbeit, Umsatzdruck oder sogar der Kampf ums wirtschaftliche Überleben? Juristen, die sich ausschließlich über ihren rechtlichen Verstand definieren, leiden oft unter einer inneren Leere und einem Gefühl von Unerfülltheit und Unzufriedenheit. Depressionen und Burn-out können die Folge sein.

**WICHTIG:** FREUDE IM JOB IST VOR ALLEM EINE FRAGE VON ACHTSAMKEIT UND EINSTELLUNG.

Die meisten Menschen sind nicht im Moment, sondern mit ihren Gedanken entweder in der Zukunft oder in der Vergangenheit. Dies führt dazu, dass sie nach ihren altetablierten Bewertungs- und Reaktionsmustern reagieren, anstatt situationsadäquat zu agieren. Dies bedeutet, dass Handlungen und damit auch Ergebnisse immer wiederkehren. Im Berufsleben fühlen sich diese Menschen dadurch oft den äußeren Umständen ausgeliefert und überfordert. Eingeschränkte Leistungsfähigkeit ist die Folge.

Wer hingegen achtsam ist, lebt im gegenwärtigen Moment. Matt Killingsworth, PhD. (Harvard), hat im Rahmen einer Studie [6] herausgefunden, dass der Schlüssel zum Glück im Jetzt, das heißt im gegenwärtigen Moment, im Augenblick, liegt. Wenn wir uns im Job auf den gegenwärtigen Moment fokussieren, aber diesen nicht bewerten, können wir Situationen objektiver betrachten. Nur so können wir auch situationsadäquat agieren und neue Reaktionen und Betrachtungsweisen zulassen. Dieses führt zu mehr Gelassenheit und Freude

---

[6] Killingsworth, M., Gilbert, D., A Wandering Mind Is an Unhappy Mind. Science, 330 (6006), 932 (2010).

beziehungsweise Glück. Achtsamkeit fördert also nicht nur die Wahrnehmung des gegenwärtigen Moments, sondern auch das Bewusstsein über die eigenen Werte, Bedürfnisse und Ziele. Wenn wir einen Weg gehen, der von Werten geleitet wird, die wir nicht mehr vertreten, werden wir uns unerfüllt fühlen. Je mehr wir uns daher über unsere Werte im Klaren werden und danach handeln, umso mehr wächst auch unsere Zufriedenheit und Ausstrahlung im Job.

**WICHTIG:** GLÜCK IST KEIN ZUFALL, SONDERN EINE BEWUSSTE ENTSCHEIDUNG.

Ein Mensch kann nicht glücklich sein, wenn er keinen Sinn im Leben sieht. Sinn heißt, ein größeres Ziel zu haben, einen Grund zu erkennen, weshalb man auf der Welt ist.

---

Fragen Sie sich: Wieso mache ich das alles eigentlich? Worum geht es in meinem Leben? Was ist der Sinn? Was ist meine Mission? Welchen Einfluss möchte ich nehmen? Welchen Unterschied möchte ich machen? Wie kann ich Freude in mein Leben bringen?

Stellen Sie sich auch folgende Fragen: Was ist mir an diesem Punkt in meinem Leben wichtig? Wie kann ich den nächsten Schritt in meinem Leben oder in der Karriere machen?

---

Auch im Berufsleben gilt: **FINDEN SIE DEN SINN! Nur ein sinnvoller Job kann erfüllend sein.**

Finden Sie also einen sinnvollen Job oder aber geben Sie Ihrem Job einen Sinn. Wenn im Job Autonomie, Abwechslung sowie Feedback und von Zeit zu Zeit Herausforderungen fehlen und stattdessen starke Weisungsgebundenheit, Monotonie, Unterforderung, gegebenenfalls Mobbing an der Tagesordnung sind, ist es schwer, einen Sinn in der täglichen Arbeit zu finden.

**Machen Sie sich klar:** Der stärkste sinngebende Faktor ist Ihr Wissen, dass Ihre Arbeit einen positiven Einfluss auf andere hat. Anderen mit unserer Arbeit zu helfen, ist das, was unsere Arbeit lohnenswert macht.

**TIPP: Machen Sie sich Ihren Job immer mehr zu eigen.**

Das Problem für viele Menschen in rechtsberatenden Berufen wie Juristen ist, dass sie minimalen Spielraum haben, um ihre Aufgaben zu ändern. Der Fall erfordert, was der Fall erfordert. Wenn das so ist, versuchen Sie, einen anderen Sinn hinzuzufügen.

Hier sind einige Beispiele, wie Sie auch als Mensch mit stressigem Beruf Ihren Beruf zur Berufung machen. Nehmen Sie die Beispiele als Anregung:

✓ Vertiefen Sie Ihre Beziehungen zu Ihren Mandanten beziehungsweise Kunden. Halten Sie sich vor Augen, warum Sie die Arbeit in erster Linie tun, beispielsweise um dem Mandanten beziehungsweise Kunden zu helfen.

✓ Kämpfen Sie für „Gerechtigkeit". Der Anwaltsberuf beispielsweise bietet die Möglichkeit, wenigstens den Versuch zu machen, bei der Verfolgung der Interessen des Mandanten, dem Ziel „Gerechtigkeit" ein kleines Stückchen näher zu kommen.

✓ Verbessern Sie die Welt- Machen Sie einen Unterschied. Wenn Sie eine gewisse Unzufriedenheit mit der Art und Weise fühlen, wie das Recht praktiziert wird, bedenken Sie, dass Sie es besser machen können.

✓ Kämpfen Sie für eine gerechtere, reflektierende und mitfühlendere Welt.

Entfalten Sie Ihr volles Potential

*„Seien Sie die Veränderung,
die Sie in der Welt sehen wollen."*

**MOHANDAS KARAMCHAND GANDHI, GENANNT MAHATMA
GANDHI, INDISCHER RECHTSANWALT UND POLITISCHER
UND GEISTIGER FÜHRER DER INDISCHEN
UNABHÄNGIGKEITSBEWEGUNG**

**WICHTIG:** BE A CHANGE MAKER!

**TIPP: Wenn Sie glücklich sein wollen, machen Sie mehr Dinge, die Sie glücklich machen.**

✓ Erstellen Sie eine Liste mit zehn Dingen, die Sie leidenschaftlich gerne tun oder gerne tun würden. Integrieren Sie diese in Ihre Planung für die nahe Zukunft.

✓ Bleiben Sie mit Ihren Gedanken im Hier und Jetzt. **Vergessen Sie nicht:** Ihr Glück ist nicht von äußeren Faktoren abhängig. Wenn Sie Ihr Glück an Bedingungen knüpfen, wird Ihnen sofort eine neue Bedingung einfallen, sobald die erste erfüllt ist. So werden Sie nie glücklich.

✓ Ihre Überzeugungen bestimmen Ihren Erfolg. Diese Überzeugungen sind meist unbewusst. Überprüfen Sie daher, ob Ihre Glaubenssätze, das heißt Überzeugungen, auch tatsächlich das unterstützen, was Sie erreichen wollen. Indem Sie Ihre Glaubenssätze anschauen und negative, Sie behindernde Glaubenssätze weglassen oder gegen positive austauschen, machen Sie den Weg frei für Ihren Erfolg.

Fragen Sie sich: *„Glaube ich, dass ich dieses Ergebnis (zum Beispiel Glück / glücklich sein) erreichen kann?"*

Beantworten Sie die Frage mit einem nein und wollen Sie aber glücklicher sein, sagen Sie sich den Tag über immer wieder:

*„Ich bin glücklich."*

Wiederholen Sie den Satz immer wieder und wieder. So ebnen Sie den Weg dafür, tiefes inneres Glück zu kultivieren, unabhängig davon, was im Außen passiert.

✓ Ändern Sie das, was Sie ändern können. Akzeptieren Sie das, was Sie nicht ändern können. Wenn Ihnen das nicht möglich ist, halten Sie sich fern von dem, was Sie nicht ändern können.

✓ Finden Sie Ihren „Lebenssinn". Dies macht sofort glücklich (Ikigai, siehe Seite 69 f.).

✓ Helfen Sie Menschen, denen es nicht so gut geht wie Ihnen. Helfen Sie, ohne etwas Bestimmtes zu erwarten. Das wird Ihnen selbst helfen. Soziales und ehrenamtliches Engagement ist nicht nur für die Lebewesen gut, denen geholfen wird, sondern macht auch den Helfer selbst zufriedener und glücklicher. Menschen, die sich neben dem Job sozial beziehungsweise ehrenamtlich engagieren, sind meist gesünder, glücklicher und stressresistenter.

**Meditation in 3 – Schritten:**

1. Finden Sie einen ruhigen Ort, an dem Sie nicht gestört werden.
2. Nehmen Sie eine bequeme Sitzhaltung ein.
3. Legen Sie den Fokus auf Ihren Atem.

## PRAXISÜBUNG: MEDITATION FÜR FREUDE UND GLÜCK

**Mit dieser Meditation wird die Fähigkeit zur Entwicklung von innerer Freude und Glück gefördert.** Je öfter wir darüber meditieren, desto leichter wird das Gefühl von Freude und Glück im Alltag abrufbar sein.

1. Nehmen Sie eine bequeme Sitzhaltung ein (siehe Seite 34 ff.) oder legen Sie sich auf den Rücken und strecken die Beine aus. Die Arme liegen in diesem Fall locker neben dem Körper, die Zehen sinken links und rechts Richtung Boden.

2. Schließen Sie die Augen. Werden Sie still. Lassen Sie Ihr Gesicht ganz sanft werden. Haben Sie ein Lächeln auf den Lippen.

3. Bringen Sie Ihre Aufmerksamkeit zum Atem. Nehmen Sie wahr, wie Sie ein- und ausatmen. Halten Sie Ihre Aufmerksamkeit auf den Atem gerichtet. Wenn störende Gedanken auftauchen, schauen Sie diese an und lassen sie ziehen. Kommen Sie immer wieder zurück zum Atem.

4. Mit jeder Einatmung atmen Sie Freude und Glück ein, mit jeder Ausatmung atmen Sie alle Sorgen, Ängste und Anspannung aus. Die Ausatmung verbinden Sie mit etwas Dunklem, was aus Ihrem Körper herausströmt. Freude und Glück stellen Sie sich zusammen mit einem hellen gelben, warmen Licht vor, welches Sie einatmen und welches sich mit jeder Einatmung in Ihrem Körper verteilt, bis Ihr ganzer Körper in diesem Licht erstrahlt.

**Dauer: 10 Minuten**

_Entfalten Sie Ihr volles Potential_

### PRAXISÜBUNG: DANKBARKEITSMEDITATION

**Durch Meditation haben wir auch das Potential, Dankbarkeit zu entwickeln.**

Setzen (Sitzpositionen, siehe Seite 34 ff.) oder legen Sie sich hin. Atmen Sie tief ein und tief aus. Denken Sie an etwas, wofür Sie dankbar sind. Sie können beispielsweise in Ihrem Job die Möglichkeit haben zu reisen. Führen Sie sich jetzt vor Augen, was gut daran ist. Finden Sie so viele positive Aspekte wie möglich. Lernen Sie neue Länder und Kulturen kennen? Arbeiten Sie mit interessanten Menschen zusammen? Nehmen Sie nun Ihre Umgebung ganz bewusst wahr. Seien Sie auch dankbar für die „kleinen" Dinge im Leben. Schauen Sie sich bewusst um. Was sehen Sie? Eine Tasse frisch gebrühten Tee oder Kaffee? Ein Sonnenstrahl, der in Ihr Büro scheint? Reflektieren Sie und schreiben Sie die positiven Aspekte auf. Sie werden erstaunt sein, wofür Sie alles dankbar sind.

**Dauer: 10 Minuten**

### PRAXISÜBUNG: SAMMELN SIE GLÜCKSMOMENTE

Jedes Mal, wenn Sie glücklich sind, genießen Sie diesen Augenblick ganz bewusst. Nehmen Sie sich zusätzlich abends etwas Zeit und benennen Sie die Dinge, die Sie während des Tages glücklich gemacht haben. Verweilen Sie für ein paar Minuten in dem guten Gefühl, was dadurch ausgelöst wird. So verinnerlichen Sie Ihre Erfahrung.

**Dauer: 5 Minuten**

## 3. ACHTSAMKEIT ALS ERFOLGSFAKTOR: UMSETZUNG VON ACHTSAMKEIT FÜR DEN BERUFLICHEN ERFOLG

**WICHTIG:** ERFOLG BEGINNT IM KOPF: "BROKEN FOCUS SYNDROM"
-A MISSION/ A VISION RELEASES MASSIVE POWER-

Warum wachen Sie morgens auf? Was treibt Sie im Leben an? Auch unsere Arbeit folgt einer Bestimmung, einem Ziel, das wir verfolgen. Sie können Ihr gesamtes Potenzial nur entfalten, wenn Sie Ihre Berufung finden und diese auch leben.

**TIPP: Machen Sie sich Ihre Mission klar.**

Was wollen Sie erreichen? Gehen Sie aus Ihrem Büro heraus auf den Flur und schauen Sie zum Büro Ihres Vorgesetzten. Stellen Sie sich vor, dass Sie bald dort sitzen werden, wo er jetzt sitzt. Sie werden seine Arbeiten verrichten und ein Leben führen, das seinem ähnelt. Ist das Büro am Ende des Flurs wirklich Ihr Ziel? Um das herauszufinden, möchte ich Ihnen die japanische Lebensphilosophie „Ikigai" ans Herz legen. Sie ist das „Geheimnis" der Japaner für ein glückliches und langes Leben. „Ikigai" kann Ihnen dabei helfen das zu entdecken, was Ihnen im Leben wirklich wichtig ist und was Sie persönlich glücklich macht. Der Begriff „Ikigai" wurde auf der Insel Okinawa, auf der die ältesten Menschen der Welt leben, geprägt. „Iki" ist japanisch und bedeutet übersetzt „Leben" und „Gai" bedeutet übersetzt „Wert". „Ikigai" ist somit der Schlüssel zum Sinn des Lebens, der „Lebenssinn". „Es ist das, für das es sich lohnt morgens aufzustehen."

Finden Sie heraus, was für Sie persönlich Ihr Leben lebenswert macht. Stellen Sie sich auch die folgenden Fragen:

1. Was ist Ihre Leidenschaft, Ihre Passion? Was lieben Sie? Was können Sie stundenlang tun, ohne müde zu werden?

## Entfalten Sie Ihr volles Potential

2. Was ist Ihre Aufgabe, Ihre Mission? Welche Ideale verfolgen Sie? Was braucht die Welt?
3. Was ist Ihre Berufung, Ihre Vokation? Mit anderen Worten: Wofür können Sie sich bezahlen lassen?
4. Worin sind Sie gut? Was ist Ihr Beruf, Ihre Profession?
Die Schnittmenge dieser vier Fragen ergibt Ihr persönliches Ikigai, Ihren Lebenssinn (siehe unten).

Alternativ fragen Sie sich: „Für was lohnt es sich morgens aufzustehen?" Was treibt Sie an? Reflektieren Sie.

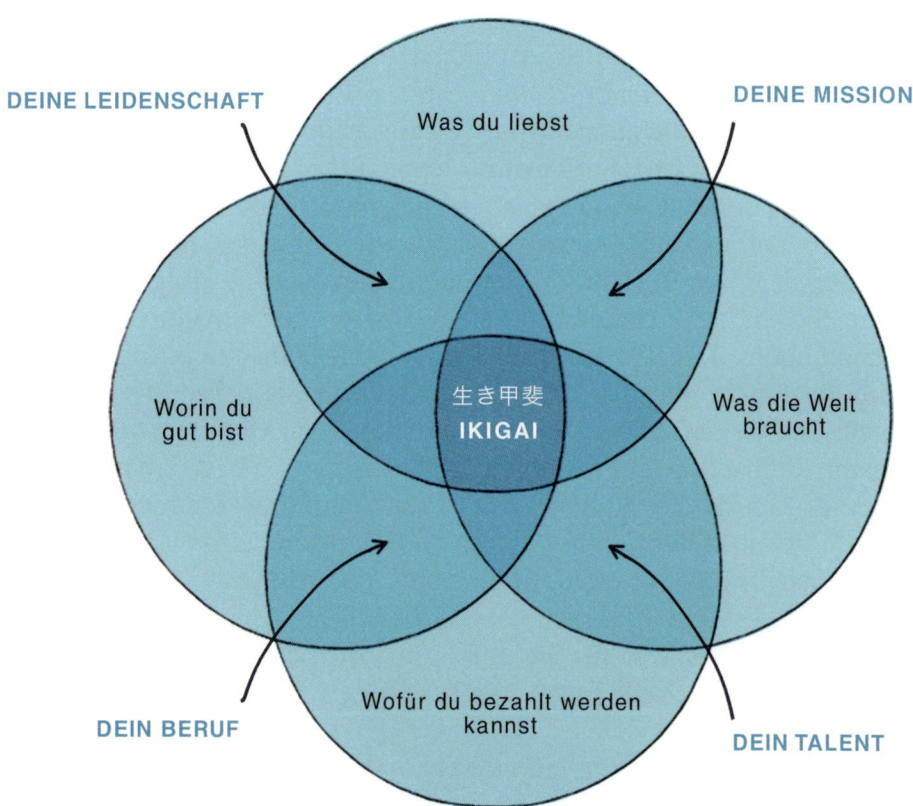

Ikigai verspricht aber nicht nur herauszufinden, was das Leben lebenswert macht, sondern auch ein langes gesundes und glückliches Leben[7]. Wer sich regelmäßig an seinen Lebenssinn erinnert, ist automatisch ausgeglichener und nicht so anfällig für Stress.

Wenn Sie Ihren „Lebenssinn" gefunden haben, verfolgen Sie ihn. Tun Sie dies aber nicht verbissen, sondern mit einer gewissen Leichtigkeit. Eine Vision kann dabei helfen. Ihr Fokus bestimmt Ihr Leben, und Sie haben die Kontrolle darüber, worauf Sie Ihren Fokus lenken. Es ist Ihre Entscheidung, wem Sie Ihre Aufmerksamkeit schenken und womit Sie sich beschäftigen. Es zwingt Sie niemand, sich zu ärgern, Probleme zu wälzen oder sich Sorgen zu machen.

**WICHTIG:** TUN SIE JEDEN TAG ETWAS FÜR IHRE VISION!

Richten Sie Ihren Fokus auf das, was Sie wollen und tun Sie jeden Tag etwas dafür, um Ihre Vision zu verwirklichen.

---

Nehmen Sie ein Blatt Papier zur Hand und unterteilen es in drei Zonen. In der rechten Zone notieren Sie Ihre „Lebensvision". Stellen Sie sich Ihr Leben in fünf beziehungsweise zehn Jahren vor. Wie sieht Ihr Leben dann aus? Und vor allem: Wie fühlt es sich an? Beschreiben Sie Ihr Leben, so wie es in Ihrer Lebensvision aussieht, so detailliert wie möglich. Mit welchen Menschen leben und arbeiten Sie zusammen? Notieren Sie in der linken Zone des Blattes Ihre Gedanken zu den folgenden Fragen, die Ihren „Status Quo", also Ihre derzeitige Situation betreffen: Wie sieht Ihr Leben zum jetzigen Zeitpunkt aus? In der Zone in der Mitte des Blattes notieren Sie Ihre Antworten zu folgenden Fragen: Was müssen Sie noch lernen, was müssen Sie noch tun, um

---

[7] Toshimasa Sone, Naoki Nakaya, Kaori Ohmori, Taichi Shimazu, Mizuka Higashiguchi, Masako Kakizaki, Nobutaka Kikuchi, Shinichi Kuriyama und Ichiro Tsuji: Sense of Life Worth Living (Ikigai) and Mortality in Japan: Ohsaki Study, Psychosomatic Medicine (Juli/August 2008), Band 70 (6), S. 709–715.

dahin zu kommen, wo Sie hinwollen? Wie können Sie dies tun? Machen Sie diese Reflektionen einmal pro Jahr. Richten Sie den Blick auch jedes Mal zurück auf vorangegangene Notizen. Bedenken Sie, dass Sie sich selbst Ihr Leben lang verändern und neu erfinden können.

---

Unser Denken schafft Realität. Unser Gehirn nimmt jede unserer Vorstellungen für wahr, denn es ist unfähig, zwischen dem zu unterscheiden was wir uns vorstellen und zwischen dem was wirklich ist. Stellen Sie sich daher ganz bewusst das vor, was Sie in Ihrem Leben haben wollen, desto eher wird es eintreten.

### PRAXISÜBUNG: VISUALISIERUNG I

**Beeinflussen Sie sich selbst mental.**

Bevor Sie mit der Visualisierung beginnen, finden Sie einen ruhigen Platz, an dem Sie nicht gestört werden und nehmen eine bequeme Sitzhaltung ein (siehe Seite 34 ff.).

Stellen Sie sich vor, wie Sie konzentriert an der nächsten Aufgabe, zum Beispiel einem Schriftsatz, arbeiten.

Visualisieren Sie Ihre Aufgabe. Stellen Sie sich deren optimalen Verlauf vor und wie Sie diesen mit Bravour meistern.

Denken Sie daran, dass Ihre Intention, Ihre positive Denkweise, das Ergebnis Ihrer Tätigkeit bestimmt (siehe Seite 41).

**Dauer: 10 Minuten**

**WICHTIG:** WER GLÜCKLICH IST, IST AUCH ERFOLGREICH NICHT ANDERS HERUM!

Sie werden ein erfolgreiches Leben haben, wenn Sie dafür Sorge tragen, dass Sie glücklich sind. Wenn es Ihnen gut geht, wird auch Ihr Leben gut und erfolgreich sein.

**Überlegen Sie:** Was können Sie jeden Tag dazu beitragen, damit Sie glücklich sind? Welche Ernährung tut Ihnen gut? Wieviel Stunden Schlaf brauchen Sie? In welcher Umgebung und in welcher Gesellschaft fühlen Sie sich wohl? Welchen Freizeitaktivitäten gehen Sie gerne nach?

## PRAXISÜBUNG: VISUALISIERUNG II

Legen Sie sich auf den Rücken. Schließen Sie die Augen. Entspannen Sie sich. Atmen Sie dafür ein paar Mal tief ein und tief aus.

Stellen Sie sich einen Ort vor, an dem Sie gerne sind oder gerne sein würden: in Ihrem Ferienhaus, am Strand oder auf einer grünen Wiese. Erlauben Sie sich zu träumen! Seien Sie mit allen Sinnen anwesend. Riechen Sie das Meer oder das frisch gemähte Gras und die Blumen und Bäume? Was hören Sie? Was sehen Sie? Konzentrieren Sie sich auf alle Ihre Sinne.

Akzeptieren Sie auch negative Gedanken, indem Sie diese beobachten, aber nicht darauf reagieren. Akzeptieren Sie das, was ist. Kommen Sie immer wieder zurück zu Ihrem Fokus.

**Dauer: 10 Minuten.**

**TIPPS:** Machen Sie es zu Ihrer Priorität, die ganze Verantwortung für Ihr Wohlbefinden sowohl auf physischer als auch auf psychischer Ebene zu übernehmen. Nehmen Sie Wohlbefinden ernst und erlauben Sie sich, selbst an erster Stelle zu stehen.

Hier sind einige Anregungen:

✓ Bewegen Sie sich. Treiben Sie Sport. Auch wenn es nur ein paar Minuten sind, ist dies eines der besten Mittel, um das Wohlbefinden zu steigern. Gehen Sie an die frische Luft. Schon 20 Minuten verbessern die Laune und das Arbeitsgedächtnis.

✓ Atmen Sie kontrolliert. Praktizieren Sie die Wechselatmung (siehe Seite 51 f.).

✓ Gehen Sie früh schlafen. Viel Schlaf sorgt dafür, dass Sie am nächsten Tag nicht so anfällig für negative Gefühle und Erinnerungen sind, sondern mit positiver Energie durchstarten können.

## 4. ACHTSAME PAUSE- TREFFEN SIE ENTSCHEIDUNGEN GANZ BEWUSST

Fakt ist, dass der gegenwärtige Moment uns häufig entgeht. Wir denken im Schnitt zwischen 60.000-70.000 Gedanken am Tag.

**TIPP: Seien Sie achtsam und halten im Alltag immer wieder inne und schauen, wo Sie mit Ihren Gedanken gerade sind.**

Die folgende Übung hilft Ihnen dabei:

Ziel dieser Übung ist es, innezuhalten und sich klar zu werden, ob Sie in gleicher oder anderer Weise weitermachen möchten. Die Praxis besteht darin, sich im Alltag so oft wie möglich bei unterschiedlichsten Tätigkeiten des eigenen Körpers, des Atems, der Gedanken und

Gefühle bewusst zu werden. Das kann beim Zähneputzen sein oder bei anderen ganz gewöhnlichen Alltagshandlungen, die wir meist automatisch durchführen. Wichtig ist die Praxis ebenfalls dann, wenn Sie mit anderen Menschen in Beziehung treten, beispielsweise mit Mandanten, Kunden, Parteien, Kollegen oder Sachverständigen. Die Übung hilft Ihnen dabei, den Autopiloten auszustellen. Dies schärft Ihre Wahrnehmung und Sie sind in der Gegenwart.

Mit dieser Übung wird es Ihnen auch leichter fallen, Entscheidungen zu treffen, hinter denen Sie voll und ganz stehen.

**Probieren Sie es aus!**

### PRAXISÜBUNG: ACHTSAME PAUSE

1. Unterbrechen Sie Ihre augenblickliche Tätigkeit. Halten Sie inne.

2. Atmen Sie mehrmals tief durch.

3. Konzentrieren Sie sich auf Ihren Körper. Welche Empfindungen, Gefühle und Gedanken sendet er Ihnen?

4. Erkennen Sie die momentane Situation, so wie sie ist.

5. Überlegen Sie, ob Ihre letzten Gedanken und Empfindungen für Sie oder die Lösung des Problems zielführend waren. Wenn nein, dann fangen Sie ganz neu an, über das Problem nachzudenken.

6. Mit neuen klaren Gedanken, neuen Vorgaben und anderen Schritten finden Sie direkt zum Ziel.

7. Starten Sie!

Entfalten Sie Ihr volles Potential

*"The intuitive mind is a sacred gift and the rational mind is a faithful servant. We have created a society that honors the servant and has forgotten the gift."*

**ALBERT EINSTEIN
GRÖSSTER PHYSIKER DES 20. JAHRHUNDERTS
BEGRÜNDER DER RELATIVITÄTSTHERORIE
NOBELPREISTRÄGER**

### PRAXISÜBUNG: MUDRA (HANDSTELLUNG) FÜR EINEN KLAREN KOPF (Kalesvara-Mudra)

**Diese Handstellung beruhigt die Gedanken.** Je ruhiger wir werden, umso grösser werden die Zeiträume zwischen Gedanken. **Dies schafft Platz und Klarheit.** Es ermöglicht uns, eine neue Sicht auf die Dinge zu nehmen und Lösungen zu finden. **Die Handstellung kann auch zur Förderung des Gedächtnisses und der Konzentration geübt werden.** Die Fingerkuppen der Mittelfinger, die ersten zwei Glieder der Zeigefinger und die Daumenspitzen berühren sich. Die restlichen Finger sind nach innen gebogen. Richten Sie die Daumen zur Brust und spreizen Sie die Ellbogen nach außen.
Atmen Sie zehnmal tief ein und aus. Danach beobachten Sie den Atem. Verlängern Sie die Pause nach der Ein- und Ausatmung.

**Dauer: 10-20 Minuten täglich**

Entfalten Sie Ihr volles Potential

*„Wenn Du nicht willst, dass die Menschen egoistisch sind, dann sei selber kein Egoist, wenn Du Großzügigkeit verlangst, dann sei selber großzügig, wenn Du Toleranz erwartest, dann sei selber tolerant."*

**MOHANDAS KARAMCHAND GANDHI, GENANNT MAHATMA GANDHI, INDISCHER RECHTSANWALT UND POLITISCHER UND GEISTIGER FÜHRER DER INDISCHEN UNABHÄNGIGKEITSBEWEGUNG**

## 5. ACHTSAMES SPRECHEN, ACHTSAMES ZUHÖREN

Achtsam zu kommunizieren, kann auch Ihre Fähigkeit verbessern, Situationen zu deeskalieren und Konflikte zu lösen.

Eine gute Kommunikation im Arbeitsalltag, sei es im Umgang mit Mandanten beziehungsweise Kunden, Parteien, Kollegen und Vorgesetzten, sorgt für eine harmonische Arbeitsatmosphäre, die sich im Arbeitsprodukt niederschlägt und lässt Sie mehr Freude an Ihrer Arbeit verspüren. Als Führungskraft ist es ebenfalls unumgänglich, die Regeln guter Kommunikation im Umgang mit Mitarbeitern und Kollegen zu beherrschen.

**Achtsames Atmen ist der erste Schritt zu achtsamer Kommunikation.**

### PRAXISÜBUNG: ACHTSAMES ATMEN

Atmen Sie ein paar Mal bewusst tief ein und tief aus. Wenn Sie angespannt sind, ist es wichtig, dass die Ausatmung länger ist als die Einatmung. Beim Einatmen bis drei zählen (Ein: 1-2-3). Beim Ausatmen bis sechs zählen (Aus: 1-2-3-4-5-6).

**TIPPS für achtsames Sprechen:**

✓ Benutzen Sie eine klare, ruhige, durchsetzungsfähige Sprache.

✓ **Merken Sie sich:** Laut ist out!

✓ Achten Sie darauf, dass Ihre Worte Einsicht und Verständnis ausdrücken und Sie freundlich sprechen, wenn Sie helfen wollen. Das wird Ihre Kommunikationsfähigkeit bei Ihrer Arbeit verbessern und wirksamer machen.

✓ Punkten Sie mit souveränem, selbstsicheren und der Situation angepasstem Auftreten. Überzeugen Sie durch Ihre Präsenz. Präsenz hat jemand, den man ausreden lässt, selbst wenn er leise spricht. Dosieren Sie Ihren Respekt richtig.
Zuviel kann schaden, zu wenig stellt Erreichtes infrage.

✓ Sprechen Sie die Wahrheit. Glaubwürdigkeit und Authentizität verbessern die Qualität der Kommunikation.

✓ Übertreiben Sie nicht.

✓ Seien Sie konsequent.

**TIPPS für achtsames Zuhören:**

✓ Akzeptieren Sie die Realitäten anderer.

✓ Werden Sie ein Weltklasse-Zuhörer. Hören Sie doppelt so viel zu, wie Sie sprechen. Zeigen Sie sich interessiert an dem, was andere zu sagen haben.

**WICHTIG:** GEHEN SIE MIT GUTEM BEISPIEL VORAN.

## 6. ACHTSAMKEIT: IHRE GEHEIMWAFFE IN DER VERHANDLUNG

**Richtiges Verhandeln**

Viele Menschen haben in Konflikten Schwierigkeiten im Umgang mit Emotionen. Juristen versuchen daher, Emotionen in Verhandlungen und Konflikten auszuschließen und sich auf objektive Faktoren zu konzentrieren. Obwohl eine Verhandlung, die Emotionen ausschließt, den Parteien oft die Beilegung von Streitigkeiten ermöglicht, kann sie auch problematisch sein. So werden Parteien häufig nicht die bestmögliche Lösung erreichen, weil sie ihre wirklichen Interessen gar nicht adressieren. Es ist auch unwahrscheinlich, eine emotional intelligente Lösung des Konflikts zu erreichen, weil die Bedürfnisse, die mit Emotionen verbunden sind, gar nicht angesprochen werden.

**TIPP: SIT WITH IT: Meditieren Sie.**

Eine Studie, die im European Journal of Social Psychology [8] veröffentlicht wurde, legt nahe, dass non-verbale Kanäle 12,5-mal stärker sind, als der verbale Kanal. Prof. Albert Mehrabian, amerikanischer Psychologe und Professor emeritus an der UCLA, ist der Überzeugung, dass Kommunikation zu 55% aus Körpersprache, also durch mimischen Ausdruck, zu 38% aus dem stimmlichen Ausdruck und nur zu 7% aus dem besteht, was wirklich gesagt wird (sog. 7-38-55-Regel).

Meditation beruhigt den Verstand und ermöglicht, auch non-verbale Signale des Gegenübers wahrzunehmen. Durch Meditation können wir Körpersprache wie Gesten, Gesichtsausdruck, Blickkontakt und Ton unseres Gegenübers erkennen. So kann Meditation Ihnen dabei helfen zu verstehen, was der Gesprächspartner wirklich sagt und so zu einer emotional intelligenten Lösung beitragen.

**Achtsame Verhandlungen**

Innehalten, durchatmen, entspannen - lernen mit dem Zeitdruck umzugehen. Durch den Arbeits- und Lebensalltag gestresste Menschen eilen oft von Termin zu Termin und kommen teilweise unruhig oder zerstreut an. Daher ist es wichtig, vor einer Verhandlung oder einem Meeting ein paar Minuten für stilles Sitzen einzuplanen. Erscheinen Sie etwas früher zum Termin. Suchen Sie sich einen ruhigen Platz und schließen Sie sanft die Augen. Atmen Sie achtsam ein und achtsam aus. Kommen Sie an.

Achten Sie auch während des Termins auf achtsames Sprechen und achtsames Zuhören. Lassen Sie andere aussprechen und atmen Sie ein paar Mal bewusst tief durch, bevor Sie anfangen zu sprechen.

---

[8] *Argyle, Michael, Alkema, Florisse, Gilmour, Robin, European Journal of Social Psychology, Volume 1, Issue 3, S. 385-402 (July/September 1971).*

**Achtsam kommunizieren**

Menschen in stressigen Berufen kommunizieren oft per E-Mail, Telefon oder Videokonferenz. Seien Sie auch hier achtsam: Wenn das Telefon klingelt halten Sie kurz inne, anstatt sofort abzunehmen und draufloszureden. Dafür atmen Sie bewusst tief ein und aus. Machen Sie dasselbe, bevor Sie eine E-Mail lesen. Das wird Ihnen dabei helfen, Ihre Kommunikation effektiver und verständlicher zu machen.

## 7. KONZENTRATION STEIGERN

Ein entscheidendes Kriterium für den beruflichen Erfolg ist das Arbeitstempo. In manchen Berufen müssen Sie einen ihnen unterbreiteten Sachverhalt schnell erfassen und subsumieren können. Aber natürlich darf die Schnelligkeit nicht auf Kosten der Sorgfalt gehen.

**ZEITMANAGEMENT IST VERALTET. FOKUS IST ALLES!**

**WICHTIG:** STOP MANAGING YOUR TIME, START MANAGING YOUR FOCUS!

Wenn es nur ein Geheimnis gibt, effizienter zu arbeiten, dann ist es der Fokus. Machen Sie sich daher Ihre Prioritäten klar. Denn meistens haben wir gar kein Zeitproblem, sondern ein Fokusproblem. Wir sind nicht fokussiert und lassen uns ablenken. Auch Stress, mangelndes Interesse, Multitasking oder fehlende Motivation wirken sich negativ auf unsere Konzentrationsfähigkeit aus. Managen Sie daher Ihre Aufmerksamkeit, also Ihren Fokus, nicht Ihre Zeit.

Es gibt eine Vielzahl von Dingen, die Sie tun können, um die Konzentration zu steigern. Hier sind einige **TIPPS**:
✓ Schaffen Sie gute Lichtverhältnisse. Ausreichend Licht fördert konzentriertes Arbeiten.

✓ Sorgen Sie für Ruhe. Vermeiden Sie Lärm und Störquellen in Ihrem Büro.

✓ Haben Sie Interesse. Begeistern Sie sich für die Aufgabe, der Sie nachgehen. Je größer das Interesse ist, umso konzentrierter sind Sie bei der Arbeit.

✓ Machen Sie regelmäßig Pausen. Gönnen Sie sich am besten jede Stunde eine kleine Pause.

✓ Anstatt durch den Tag zu hetzen, versuchen Sie, das, was Sie tun, zu genießen.

✓ Trinken Sie genug. Trinken Sie ausreichend Wasser oder ungesüßten, koffeinfreien Tee. Die durchschnittliche Trinkmenge eines Erwachsenen beträgt mindestens ca. 1,5 Liter. Die Faustregel für die richtige Trinkmenge sind bei gesunden Menschen, laut Prof. Markus Seewald, Ernährungswissenschaftler und Professor an der Hochschule Anhalt, 30 – 40 Milliliter Wasser pro Kilogramm Körpergewicht.

**TIPP:** Stellen Sie sich Wasserflaschen und ein Glas auf Ihren Schreibtisch. So haben Sie die zu trinkende Tagesration vor Augen.

✓ Treiben Sie Sport. So schaffen Sie einen Ausgleich zu Ihrer sitzenden Tätigkeit. Durch Sport werden Sie ausgeglichener. Ausreichend Bewegung fördert auch die Durchblutung und Sauerstoffzufuhr des Körpers, also auch des Gehirns.

✓ Genauso wie Sie nicht mit leerem Magen arbeiten sollten (ein leerer Magen stört die Konzentration), arbeiten Sie nie mit einem vollen Magen. Ein voller Bauch macht müde. Essen Sie daher etwas weniger, als Sie Hunger haben.

✓ Achten Sie darauf, dass Sie genug Schlaf bekommen. Das hat Einfluss auf Ihre Konzentration tagsüber bei der Arbeit.

### PRAXISÜBUNG: SEHEN SIE EINE AUFGABE MIT ANDEREN AUGEN

Sehen Sie die Aufgabe, an der Sie arbeiten, mit anderen Augen.

Visualisieren Sie eine weiße Tafel oder ein weißes Board und halten Sie Ihre Konzentration darauf. Dies hilft Ihnen, aus Ihren Gedanken auszusteigen und wieder unvoreingenommen an eine Aufgabe heranzugehen.

**Dauer: 5 Minuten**

### 8. DURCHSETZUNGSVERMÖGEN ENTWICKELN

Durchsetzungsvermögen ist die Fähigkeit, etwas auch gegen den Widerstand von anderen Menschen durchzusetzen und durchzuführen. Eine Führungskraft braucht in jeder Situation Durchsetzungsvermögen. Vertrauen, wertschätzende Kommunikation und Empathie sind die wichtigsten Führungskompetenzen.

**WICHTIG:** MIT ILLUSIONEN AUFRÄUMEN!

Wer glaubt, Führung sei mit der formalen Befugnis ein für allemal geklärt, hat die Rechnung ohne die Kollegen und Mitarbeiter gemacht. Diese wollen, genauso wie Sie, gesehen werden.

Hier sind einige **TIPPS,** die ich Ihnen ans Herz legen möchte, um Durchsetzungsvermögen zu entwickeln**:**

✓ Machen Sie sich Ihre Ziele klar. Sie können sich nicht durchsetzen, wenn Sie nicht wissen, was Sie wollen. Was wollen Sie erreichen?

## Entfalten Sie Ihr volles Potential

✓ Machen Sie sich Ihre Stärken klar. Überlegen Sie, was Sie anzubieten haben. Was genau sind Ihre Stärken?

✓ Streben Sie realistische Ziel an. Ziele sind von vorneherein zum Scheitern verurteilt, wenn sie nicht realistisch sind. Suchen Sie sich daher ein erreichbares, aber anspruchsvolles Ziel aus. Achten Sie auch darauf, dass das Erreichen eines Ziels in Ihrer Hand liegt.

✓ Schreiben Sie Ihre Ziele auf. Aufschreiben schafft Klarheit. Schriftlich festgelegte Ziele sind außerdem verbindlicher.

✓ Überzeugen Sie mit Argumenten. Überlegen Sie sich Argumente, die ganz klar für Sie sprechen. Was können Sie besser als andere? Welche Vorteile bieten Sie?

✓ Nehmen Sie auch schwierige, komplizierte Situationen an. Vertrauen Sie darauf, dass alles, was Ihnen im Leben begegnet, Sie weiterbringt und stärker macht. Sie wachsen mit Ihren Aufgaben. Vertrauen Sie auch darauf, dass das Leben Ihnen nur solche Aufgaben stellt, die Sie meistern können.

✓ Treffen Sie den richtigen Ton. Sprechen Sie achtsam. Hören Sie achtsam zu (siehe Seite 79 f.). Betrachten Sie Ihr Gegenüber stets als gleichwertig, auch wenn er oder sie in der Hierarchie unter oder über Ihnen steht. Lassen Sie die Hierarchie niemals in Ihr Verhalten gegenüber anderen einfließen.

✓ Machen Sie klare und deutliche Aussagen.

✓ Verwenden Sie positive Formulierungen. Positive Formulierungen erzeugen positive Emotionen und begünstigen die Zustimmung Ihres Gegenübers.

✓ Achten Sie auf Ihre Körpersprache. Ihr Selbstbewusstsein und Ihre Kompetenz ausstrahlendes Auftreten sind Wegbereiter für Ihre

Durchsetzungskraft. Wirken Sie nicht verbissen. Gehen Sie aufrecht („Schultern zurück, Brustbein nach vorne'). Sehen Sie Ihr Gegenüber offen an. Gestikulieren Sie nicht wie wild. Machen Sie ruhige, kontrollierte Bewegungen.

✓ Lächeln Sie und behalten Sie Ihren Humor. Wer den anderen anlächelt, sorgt nicht nur für eine gute Stimmung, sondern demonstriert Selbstvertrauen. Selbstvertrauen ist die Basis jeden Durchsetzungsvermögens. Humor kann helfen, Ängste zu lösen und „Teufelskreise" zu durchbrechen.

✓ Alternativ suchen Sie nach Win-Win-Situationen, das heißt nach Situationen, in denen Sie sich nicht durchsetzen müssen. Sie müssen sich nicht durchsetzen, wenn der/die andere ebenso an der Sache interessiert ist wie Sie selbst. Finden Sie daher Argumente, von denen beide Seiten profitieren und die Sie beide als Gewinner dastehen lassen.

Entfalten Sie Ihr volles Potential

**PRAXISÜBUNG: THYMUSDRÜSE KLOPFEN**

**Sind Sie müde und kraftlos? Benötigen Sie einen Energieschub?**

Dann klopfen Sie vorsichtig den Thymus 10 bis 12 Mal mit den Fingerspitzen oder leicht mit der lockeren Faust.

Schon den alten Griechen war bekannt, dass die Thymusdrüse die „Lebensenergie" steuert. Das griechische Wort „Thymus" bedeutet übersetzt „Lebensenergie".

Die Thymusdrüse befindet sich ca. 7 cm unterhalb der Halsgrube, in der Mitte der Brust hinter dem oberen Brustbein. Sie ist ein wichtiges Teil des lymphatischen Systems und gehört damit zum Immunsystem.

**Dauer: 2-3 Mal täglich**

Entfalten Sie Ihr volles Potential

**PRAXISÜBUNG: STEHENDE HALTUNG „BAUM"**

**VORSICHT ist in dieser Stellung geboten**, unter anderem bei Problemen mit den Sprunggelenken oder Knien, bei Hüftgelenksdeformationen, bei niedrigem oder instabilem Blutdruck sowie Schwindel.

**Die Yogaübung Baum unterstützt das innere und äußere Gleichgewicht. Die Übung stärkt die Ausdauer und die Standfestigkeit und fördert die Konzentration.**

Üben Sie auf einer Yogamatte. Stellen Sie sich an den Anfang oder in die Mitte der Matte. Die Füße stehen hüftbreit auseinander. Die Fußsohlen pressen fest in den Boden.

1. Verlagern Sie das Gewicht auf das linke Bein. Stellen Sie sich vor, dass Ihr linkes Bein fest mit dem Boden verwurzelt ist. Aus Ihren Fußsohlen wachsen Wurzeln in den Boden. Spüren Sie diese Verbundenheit mit der Erde.

2. Heben Sie mit einer Einatmung den rechten Fuß auf Höhe des linken Knöchels (für Anfänger).

3. Pressen Sie ausatmend die rechte Ferse gegen den linken Knöchel.

4. Fortgeschrittene ziehen das rechte Knie mit der Einatmung zu sich heran und stellen den rechten Fuß etwas oberhalb vom linken Knie ab. Drehen Sie das rechte Bein sanft im Hüftgelenk nach außen. Je kontrollierter Sie die Fußsohle des rechten Fußes gegen die Innenseite des linken Oberschenkels pressen, desto stabiler stehen Sie.

5. Bringen Sie die Hände vor der Brust zusammen. Die Handflächen pressen sanft gegeneinander. Die Schultern sind entspannt.

6. Wer weitergehen will, hebt die Hände mit einer Einatmung nach oben. Dabei bleiben die Handflächen zusammen.

7. Fixieren Sie einen Punkt vor Ihnen. So fällt es leichter, die Balance zu halten. Stellen Sie sich vor, wie Sie mit jeder Einatmung nach oben wachsen und mit jeder Ausatmung noch mehr im Boden verwurzeln.

8. Nach mindestens 5 Atemzügen in der Position lösen Sie die Haltung wie folgt: Wenn Sie die Hände gehoben haben, bringen Sie diese mit den Handflächen zusammen zurück vor Ihre Brust. Bringen Sie Ihr Knie von der Seite zurück nach vorne und ziehen es mit beiden Händen kurz zu sich heran. Dann bringen Sie das Bein zum Boden, so dass beide Beine wieder nebeneinanderstehen. Lassen Sie die Arme links und rechts vom Körper nach unten hängen.

9. Wiederholen Sie die Übung auf der anderen Seite.

**Dauer: Auf jeder Seite mindestens 5 Atemzüge. Diese Übung sollte man zweimal pro Seite praktizieren.**

## 9. DAS VERHÄLTNIS ZU MANDANTEN BEZIEHUNGSWEISE KUNDEN, KOLLEGEN UND VORGESETZTEN VERBESSERN

In zahlreichen Kanzleien reden Anwälte mit ihren Mandanten, ohne dass der eine den anderen versteht. Das Gleiche gilt für Menschen, die in Unternehmen tätig sind und ihre Kunden.

**WICHTIG:** BESSERER SERVICE = BESSERE KUNDENBEZIEHUNGEN

Interesse an Rechtsfragen, analytisches Denken, Selbstsicherheit, Verhandlungsgeschick, Überzeugungskraft und Verschwiegenheit sind eben nicht ausreichend, um erfolgreich zu sein.

**WICHTIG:** *Achtsamkeit ist die wesentliche Fähigkeit des modernen, erfolgreichen Menschen. Mit anderen Worten:*

„OHNE ACHTSAMKEIT GEHT GAR NICHTS."

**TIPPS** zur Verbesserung von Geschäftsbeziehungen:

✓ Fangen Sie immer wieder bei „A" an. „A" steht für Aufmerksamkeit und Achtsamkeit. Versuchen Sie grundsätzlich zuerst Ihre Achtsamkeit herzustellen (siehe Seite 33 ff.).

✓ Sprechen Sie achtsam und hören Sie achtsam zu (siehe Seite 79 f.).

✓ Sie gewinnen Mandanten oder Kunden für sich, indem Sie anfangen, sich ganz authentisch für die andere Person zu interessieren.

✓ **Merken Sie sich:** "Business is Relationships". Menschen machen Geschäfte mit Menschen, die sie mögen.

✓ Seien Sie ein neutraler Beobachter.

✓ Seien Sie emotional intelligent und zeigen Sie Empathie (siehe Seite 99 ff.).

Achtsamkeit steht im Mittelpunkt emotionaler Intelligenz und Empathie. Sie haben einen sehr erheblichen Einfluss darauf, wie sich Ihr Gegenüber fühlt.

**WICHTIG:** DAS ARBEITSKLIMA BESTIMMEN SIE!

Das Arbeitsklima, das heißt das Verhältnis zu Kollegen, Mitarbeitern und Vorgesetzten ist das einzige Klima, bei dem Sie selbst mitbestimmen können.

**TIPP: Nutzen Ihre Chance, das Arbeitsklima positiv zu verändern.**

Die Schaffung einer positiven und gesunden Kultur für Ihre Kanzlei beziehungsweise Ihr Unternehmen geht auf die folgenden wesentlichen Merkmale zurück:

✓ Kommunizieren Sie. Das „A und O" eines guten Arbeitsklimas ist die interne Kommunikation. Hierbei gilt stets: Bevorzugen Sie die persönliche vor der schriftlichen Kommunikation. Ein kurzes Telefonat oder ein Besuch im Büro des Kollegen können viel bewirken. Suchen Sie auch den informellen und fachlichen Austausch. Werden Sie aktiv und gehen Sie auf Ihre Kollegen, Mitarbeiter und Vorgesetzte zu. Zeit für ein freundliches Wort sollte sich immer finden. Agieren Sie als Vorbild. Seien Sie flexibel.

✓ Loben Sie, wenn es angebracht ist. Jeder Mensch, also auch Kollegen und Mitarbeiter, braucht Bestätigung. Wenn Sie gut mit einem Kollegen oder einem Mitarbeiter zusammenarbeiten, zeigen Sie ihm, dass Sie dies würdigen. Ein Lob, eine anerkennende Rückmeldung, eine nette E-Mail, eine Erwähnung im Kollegenkreis oder ein zustimmendes Wort im Meeting kann das Arbeitsklima verbessern und zu einer positiven, erfolgreichen Kultur beitragen.

✓ Übernehmen Sie Verantwortung. Machen Sie sich immer wieder aufs Neue klar: Das was Sie von anderen erwarten, müssen auch Sie selbst bereit sein zu geben. Gehen Sie mit gutem Beispiel voran und seien Sie die Veränderung, die Sie sich wünschen.

## 10. WIE MENSCHEN IN STRESSIGEN BERUFEN MIT KUNDEN ODER WIE JURISTEN MIT SCHWIERIGEN MANDANTEN BESSER UMGEHEN

Mandanten brauchen empathische, zugängliche und verständliche Anwälte. Seien Sie daher geduldig. Zeigen Sie Größe. Sprechen Sie die Sprache Ihrer Mandanten. Lassen Sie diese spüren, dass sie bei Ihnen gut aufgehoben sind. Das Gleiche gilt auch für Ihre Kunden.

Schwierige Mandanten, aber auch Kunden, lassen sich erfahrungsgemäß in folgende Kategorien einteilen:

## 1. Der besserwisserische Mandant oder Kunde

Besserwisser tragen, wenn sie mitbekommen, dass der Gesprächspartner unsicher ist, Argumente so überzeugend vor, dass sich diese auf die Schnelle schwer widerlegen lassen. Zur Gruppe der besserwisserischen Mandanten oder Kunden gehören oft Narzissten. Der Umgang mit diesen Menschen ist anstrengend und kräftezehrend.

**TIPP:** Ist es angebracht, kontern Sie mit Fakten sowie guten Argumenten und halten Sie den besserwisserischen Mandanten oder Kunden durch knappes Zeitmanagement unter Kontrolle. Geben Sie ihm stets das Gefühl, eingebunden zu sein. Dafür stellen Sie ihm keine offenen Fragen, sondern geben Sie ihm Alternativen an die Hand und lassen ihn entscheiden oder holen Sie sein Einverständnis ein.

## 2. Der cholerische Mandant oder Kunde

Der cholerische Mandant oder Kunde ist schnell erregbar, unausgeglichen und jähzornig. Die gute Nachricht ist, dass in der Regel der Zorn eines Cholerikers aber genauso schnell wieder verfliegt, wie er gekommen ist. Meistens können Sie dann normal mit ihm sprechen.

**TIPP:** Bleiben Sie im Umgang mit cholerischen Mandanten oder Kunden ruhig, gelassen und sachlich. In der Ruhe liegt die Kraft.

Reagieren Sie nicht aggressiv. Nehmen Sie auch nichts persönlich. Sprechen Sie gegebenenfalls den Wutausbruch des Mandanten oder des Kunden offen an. Fordern Sie sich Respekt ein: „Ich bin sehr über Ihren Ton erstaunt." Bringen Sie ihm aber auch Verständnis entgegen: „Ich kann nachvollziehen, dass … etc."

### Entfalten Sie Ihr volles Potential

## PRAXISÜBUNG: NUTZEN SIE DEN ATEM ALS RUHEPOL

Verbinden Sie sich im Laufe des Tages immer wieder mit dem Atem. Zählen Sie langsam innerlich von zehn abwärts auf null. Mit jeder Zahl, verbinden Sie einen Atemzug, Ein- und Ausatmung. Wenn Ihnen schwindelig wird, werden Sie langsamer. Wenn Sie bei Null ankommen, werden Sie sich entspannter fühlen.

### 3. Der unsichere, ängstliche Mandant oder Kunde

Unübersichtliche, unvorhergesehene Situationen verunsichern und verängstigen diesen Mandanten oder Kunden. Er hinterfragt alles.

**TIPP:** Der unsichere, ängstliche Mandant oder Kunde ist unfähig, sich zu entspannen und abzuschalten. Raten Sie diesem Mandanten daher, Ruhe zu suchen. Geben Sie ihm das Gefühl, dass Sie ihn verstehen: „Ich verstehe, dass …etc." Fragen Sie ihn nach Details seiner Unsicherheit und Angst. Helfen Sie ihm dabei, rationaler zu denken. Relativieren Sie seine Situation. Erklären Sie ihm dafür, dass „andere Mandanten oder Kunden in seiner Lage" genauso wie er Unterstützung brauchen. Der unsichere, ängstliche Mandant oder Kunde benötigt ein „Rundum-Sorglos-Paket", um sich sicher zu fühlen. Übernehmen Sie daher die Führung. Versichern Sie ihm, dass Sie ihn stets über den aktuellen Stand informieren werden und tun Sie das auch. So geben Sie ihm Sicherheit. Setzen Sie sich für ihn ein.

### 4. Der sicherheitsliebende Mandant oder Kunde

Oberste Prämisse besteht darin, Mandanten oder Kunden Vertrauen und Sicherheit entgegenzubringen. Dies ist gerade beim sicherheitsliebenden Mandanten oder Kunden von großer Bedeutung.

**TIPP:** Geben Sie dem Mandanten oder Kunden Sicherheit, indem Sie ihm stets alle Fakten mitteilen. Kommen Sie seinen Anrufen durch regelmäßige kurze Updates zuvor. Minimieren Sie das Risiko. Halten Sie Ihre Zusagen und Zeitpläne ein. Verhalten Sie sich immer loyal!

**WICHTIG:** LASSEN SIE SICH NICHT VON SCHWIERIGEN MANDANTEN ODER KUNDEN AUS DER RUHE BRINGEN!

## 11. ERFOLGREICHE AKQUISITIONEN

Blockieren Sie Ihre Akquise nicht schon im Erstgespräch.

Beherzigen Sie dafür folgende **TIPPS**:

✓ Seien Sie pünktlich.

✓ Berufsanfänger unterliegen oft dem Irrtum, dass Fachkenntnisse über Erfolg und Misserfolg bei der Akquise entscheiden. Die Erfahrung zeigt jedoch, dass es für den Mandanten oder Kunden entscheidend ist, wie er sich in der Kommunikation mit Ihnen gefühlt hat. Sorgen Sie deshalb stets dafür, dass Ihre Mandanten beziehungsweise Kunden immer ein gutes Gefühl haben, wenn Sie mit Ihnen zu tun haben. **Merken Sie sich:** Menschen machen Geschäfte nur mit Menschen, bei denen sie ein gutes Gefühl haben, bei denen sie sich sicher und gut aufgehoben fühlen.

✓ Wenn Sie Mandanten beziehungsweise Kunden für sich gewinnen wollen: Interessieren Sie sich für sie.

✓ **Merken Sie sich**, wer erfolgreich akquiriert, halbiert die Anzahl seiner Worte und verdoppelt die Anzahl seiner Fragen. Der Redeanteil am Anfang des Erstgesprächs ist 1:9 zu Gunsten des Mandanten oder Kunden!

✓ Hören Sie achtsam zu, sprechen Sie achtsam (siehe Seite 79 f.). Verbessern Sie Ihre Fähigkeiten achtsam zuzuhören, auch um Motive und Beweggründe für bestimmte Verhaltensweisen zu erfahren.

✓ Sprechen Sie klar, verständlich, strukturiert und in kurzen Sätzen.

✓ Verzichten Sie auf Fachsprache.

✓ Seien Sie mitfühlend und emphatisch.

✓ Halten Sie sich an Versprechen.

✓ Machen Sie es sich zur Gewohnheit, Menschen zu beobachten. Nehmen Sie Folgendes bewusst wahr: Schaut Ihnen Ihr Gegenüber in die Augen oder guckt er/sie weg, wenn Sie etwas erzählen? Wie reagiert Ihr Gegenüber, wenn Sie ihm etwas mitteilen? Achten Sie auf seine Körpersprache, Stimme, Mimik etc. Beobachten Sie!

✓ Schärfen Sie Ihre Sinneswahrnehmung über die Körpersprache anderer Menschen.

Entfalten Sie Ihr volles Potential

"Emotional Intelligence is *a ground-breaking, paradigm-shattering idea.*"

**THE HARVARD BUSINESS REVIEW**

## 12. EMOTIONALE INTELLIGENZ UND EMPATHIE ENTWICKELN

*„Was nützt ein hoher IQ, wenn man ein emotionaler Trottel ist."*

**Daniel Goleman**

Empathie ist die Fähigkeit, sich in die Gedanken, Gefühle und Perspektiven von anderen Menschen einfühlen zu können.

Daniel Goleman, ein US-amerikanischer Psychologe, der als klinischer Psychologe an der Harvard-Universität lehrte, sieht emotionale Intelligenz sogar als Schlüsselqualifikation, die wichtiger ist als der Intelligenzquotient. Laut Goleman ermöglicht emotionale Intelligenz unter anderem die Lösung von Konflikten, einen konstruktiven Umgang mit Veränderungen, den Wiederaufbau von Beziehungen sowie die Bewältigung von emotionalen Problemen.

**TIPP:** So verbessern Sie Ihr Einfühlungsvermögen und emotionale Intelligenz:

**Das Einfühlungsvermögen eines Menschen wächst mit seiner Güte**. Je größer die Güte, desto besser kann er sich in andere Menschen einfühlen. Wenn Sie einfühlsamer werden möchten, müssen Sie sich deshalb bemühen, allen Menschen mit Güte zu begegnen. Dafür müssen Sie entsprechende geistige Gewohnheiten schaffen.

Die Liebe-Güte- Meditation (Metta-Meditation) hilft Ihnen dabei.

### PRAXISÜBUNG: LIEBE-GÜTE-MEDITATION (METTA-MEDITATION)

**Die Metta-Meditation soll bereits nach einer Woche zu einem Anstieg der Empathie führen.**

1. Sie können diese Meditation im Sitzen (siehe Seite 42 ff.) oder im Liegen üben. Wichtig dabei ist Ihre innere Haltung. Praktizieren Sie diese Meditation mit der Intention Güte, Freundlichkeit und Liebe in Ihr Leben zu holen.

2. Schließen Sie die Augen.

3. Werden Sie still. Richten Sie Ihre Aufmerksamkeit auf den Atem. Nehmen Sie wahr, wie der Atem in und wie der Atem aus dem Körper strömt.

4. Sagen Sie still und leise innerlich zu sich selbst: *„Mir geht es gut. Ich bin glücklich und gesund und führe ein unbeschwertes, sorgenfreies Leben. Ich bin frei von Leid und Schmerz."* Verinnerlichen Sie diese Sätze, indem Sie sie immer wieder und wieder wiederholen. Erzeugen Sie durch die Worte ein Gefühl der Güte gegenüber sich selbst.

5. Denken Sie an einen Menschen, der Ihnen nahesteht und uns besonders am Herzen liegt. Dies können zum Beispiel Eltern, Kinder oder Freunde sein. Stellen Sie sich diese Person vor Ihrem geistigen Auge vor. Sprechen Sie innerlich für diese Person die Sätze: *„Möge es Dir gut gehen. Mögest Du glücklich und gesund sein. Mögest Du ein unbeschwertes, sorgenfreies Leben führen. Mögest Du frei sein von Leid und Schmerz."*

6. Denken Sie an einen Menschen, den Sie täglich sehen, für den Sie aber weder positive noch negative Gefühle haben, weil Sie ihn nicht wirklich kennen (wie beispielsweise den Postboten). Sprechen Sie für diese Person die oben genannten Sätze und senden Sie auch ihm damit liebende Güte.

7. Sehen Sie nun einen Menschen vor Ihrem inneren Auge, mit dem Sie sich nicht gut verstehen, mit dem Sie einen Konflikt oder Probleme haben.

Sprechen Sie innerlich auch für ihn dieselben Sätze. Wenn es Ihnen schwerfällt, erinnern Sie sich an Ihre Intention der Güte, Freundlichkeit und Liebe.

8. Ziehen Sie den Kreis der Menschen, die Sie in die Meditation einbeziehen noch weiter. Senden Sie allen leidenden Menschen Zuwendung und Anteilnahme.

9. Im letzten Schritt lassen Sie Ihr Gefühl der liebenden Güte alle Lebewesen auf dem Planeten umfassen: *„Möge es allen gut gehen. Mögen alle glücklich und gesund sein. Mögen alle ein unbeschwertes sorgenfreies Leben haben. Mögen alle frei sein von Leid und Schmerz."*

10. Kehren Sie zurück zu Ihrem Atem. Spüren Sie der Übung nach. Wenn Sie im Sitzen meditiert haben, können Sie sich jetzt für ein paar Minuten zurücklegen und entspannen.

**Dauer: 15 Minuten**

## 13. DER AUTHENTISCHE MENSCH: PRACTICING FROM THE INSIDE OUT

Spielen wir nicht alle Rollen im Leben? Wir erfüllen Erwartungen im Job und nehmen auch im Privatleben Rollen ein. Die meiste Zeit reagieren wir nur auf das Leben, anstatt unsere Zeit selbst aktiv zu gestalten. Viele Menschen fahren sozusagen auf dem Rücksitz ihres Autos durchs Leben und sind überrascht, dass sie nie dort ankommen, wo sie gerne hinmöchten. Ist das alles noch echt oder eine Lebenslüge? Bei vielen Menschen wächst der Wunsch, die Masken abzunehmen und authentisch zu sein. Authentisch zu sein bedeutet, das Leben wieder selbst aktiv zu gestalten und selber zu entscheiden, wo die Reise hingeht.

**TIPP: Agieren Sie, anstatt zu reagieren!**

Anstatt auf äußere Faktoren zu reagieren, die von außen aus allen möglichen Richtungen auf uns einwirken, handeln wir, wenn wir selbstbestimmt agieren, aus uns selbst heraus. Das ermöglicht uns, Entscheidungen zu treffen, hinter denen wir auch wirklich stehen. Denn es sind selbstbestimmte Entscheidungen, die wir aus unserem Wesenskern, einem Ort der Stärke und der Ruhe heraus treffen.

Das Ganze ist vergleichbar mit einem Boxer. Eine stabile Körpermitte ist Grundvoraussetzung beim Boxen. Fast alle Schläge und Tritte werden aus der Körpermitte eingeleitet, denn daher kommt die Kraft. Nur wenn der Boxer sein Tun aus der Körpermitte einleitet, hat er Standfestigkeit und wird sich gegen seinen Gegner durchsetzen. Bloße Defensivschläge hingegen, die nicht aus der Mitte kommen, werden ihn früher oder später zu Fall bringen.

Genauso verhält es sich mit Entscheidungen. Alles, hinter dem wir nicht wirklich stehen, wird uns früher oder später auf die eine oder andere Weise zum Verhängnis.

*Überlegen Sie sich, wie die perfekte Version von Ihnen aussehen sollte. Wie verhalten Sie sich dann? Wie gestalten Sie dann Ihren Tag? Entscheiden Sie selbst, wer Sie sind und wie Sie leben wollen.*
*Seien Sie kein Fachidiot und schauen Sie über den Tellerrand!*

### PRAXISÜBUNG: MIT ACHTSAMKEIT IN DEN TAG STARTEN

Etablieren Sie eine Morgenroutine. Oft beginnt der Tag mit Hektik … alles schnell, schnell, schnell und am besten sofort… Die am Morgen mitgenommene Hektik zieht sich dann durch den gesamten Tag. Dies ist keine gute Basis.

Wenn Sie morgens aufwachen, springen Sie nicht sofort aus dem Bett.

Setzen Sie sich im Bett aufrecht hin, schließen Sie die Augen und atmen Sie tief ein und aus. Lassen Sie die Gedanken kommen und gehen (*so **wie die Wolken am Himmel***), ohne an ihnen festzuhalten. Dann recken und strecken Sie sich. Erst dann stehen Sie auf, frühstücken und starten erfrischt und ausgeruht in den Tag.

**Dauer: 15 Minuten**

**TIPP: Schaffen Sie Platz zwischen den Gedanken.** Das gibt Ihnen die Freiheit der- oder diejenige zu sein, der/die Sie sein möchten. Üben Sie dafür die Sitzmeditation, siehe Seite 42 ff.

Entfalten Sie Ihr volles Potential

*„Wenn Du im Recht bist, kannst Du es Dir leisten, die Ruhe zu bewahren, und wenn Du im Unrecht bist, kannst Du Dir nicht leisten, sie zu verlieren."*

**MOHANDAS KARAMCHAND GANDHI, GENANNT MAHATMA GANDHI, INDISCHER RECHTSANWALT UND POLITISCHER UND GEISTIGER FÜHRER DER INDISCHEN UNABHÄNGIGKEITSBEWEGUNG**

## 14. SELBSTVERTRAUEN UND RESILIENZ IN HERAUSFORDERNDEN SITUATIONEN

Wieso können manche Menschen besser mit schwierigen Situationen umgehen als andere? Wie bleiben sie auch unter Druck stabil und flexibel? Die Antwort ist, dass sie über einen höheren Resilienz-Quotienten verfügen. Von Kollegen werden diese Menschen oft als selbstbewusst, gelassen, humorvoll, menschlich, zuversichtlich, zielorientiert und selbstreflektiert beschrieben. Resilienz ist laut Duden: *„Psychische Widerstandsfähigkeit. Die Fähigkeit, schwierige Lebenssituationen ohne anhaltende Beeinträchtigung zu überstehen"*.

Alltägliche Stressoren, gesellschaftliche Krisen und Veränderungen können eine psychische Störung wie Depressionen oder Burnout hervorrufen. Die Stärkung der seelischen Gesundheit wird deshalb immer wichtiger.

**WICHTIG:** DIE FÄHIGKEIT ZUR RESILIENZ IST TRAINIERBAR.

Befolgen Sie dafür folgende **TIPPS:**

✓ See The Big Picture = Betrachten Sie alles aus der Vogelperspektive. Eine wirkungsvolle Technik ist es auch, in Stresssituationen ganz bewusst in die Vogelperspektive (Position des Betrachters) zu wechseln. So bekommen Sie Abstand zu Ihren Emotionen.

---

Schauen Sie auf eine Situation aus der Perspektive eines neutralen Betrachters, der sozusagen „von oben" auf die Situation schaut. Aus dieser Perspektive ist es möglich, die Situation ohne persönliche Identifikation und Bewertung zu erfassen. Wir sehen, was wirklich ist. Das macht alles einfacher.

---

✓ Seien Sie zuversichtlich. Interessieren Sie sich mehr für Lösungen als für Hindernisse.

✓ Richten Sie Ihre Aufmerksamkeit auf Faktoren, die Sie selbst beeinflussen können. Hören Sie auf, sich um Dinge Gedanken zu machen, die außerhalb Ihres Einflussbereiches sind. Wenn Sie eine positive Grundhaltung einnehmen, haben Sie mehr Energie, sich um die Dinge zu kümmern, die Sie tatsächlich verändern können.

✓ Übernehmen Sie Verantwortung, verfallen Sie nicht in die Opferrolle. Sie selbst haben Ihr Schicksal in der Hand. Aktion anstatt Reaktion ist angesagt.

✓ Bei Zweifeln wiederholen Sie im Geist kraftspendende Sätze wie:

*„Ich werde erfolgreich sein."*

So verankern Sie die Sätze mit der Zeit im Unterbewusstsein und stärken Ihr Selbstvertrauen.

✓ Praktizieren Sie die Wechselatmung (siehe Seite 51 f.).

## 15. SELBSTBEWUSSTSEIN STÄRKEN

Unsere Gedanken sind sehr kraftvoll. Werden Sie sich darüber bewusst. Lassen Sie Ihre Gedanken für sich arbeiten. Schaffen Sie so positive Veränderung.

---

Menschen tendieren dazu, Negatives in Erinnerung zu behalten und alles Positive zu vergessen. **Machen Sie sich daher immer wieder klar, worin genau Ihre Stärken und Talente bestehen.** Was haben Sie im Berufs- und Privatleben bereits erreicht? Rufen Sie sich das alles in Erinnerung und stärken Sie so Ihr Selbstvertrauen.
Nehmen Sie sich zudem jeden Tag Zeit und visualisieren Sie das, was Sie sich in Ihrem Leben wünschen. Stellen Sie sich die Persönlichkeit vor, die Sie sein wollen. Wer sind Sie jetzt? Wer möchten Sie sein? Haben Sie eine bildliche Vorstellung davon, wohin Sie sich verändern möchten. Wählen Sie drei Begriffe aus, die beschreiben, wer Sie sein

wollen. Rufen Sie sich diese drei Begriffe mehrmals am Tag in Erinnerung. Dafür heften Sie ein Post-It an den Bildschirm Ihres Computers. Schauen Sie auf dieses Post-It vor jedem wichtigen Meeting, vor jedem wichtigen Termin oder vor wichtigen Aufgaben. Dies hilft Ihnen schneller zu der Person zu werden, die Sie sein möchten.

---

Wichtig ist, dass Sie Ihr Leben leben - unabhängig davon, was andere Menschen sagen oder tun. Es geht um Ihr Leben und Ihre Träume. Vergleichen Sie sich daher nur mit sich selbst und niemals mit anderen. Vergleichen Sie die Person, die Sie heute sind, mit derjenigen, die Sie letztes Jahr, letzten Monat oder gestern waren. Nur wenn wir uns mit uns selbst vergleichen, erkennen wir die Veränderung. Wir sehen ein Ergebnis, das uns motiviert, weiter zu machen. Dazu gehört auch, aus unseren Fehlern zu lernen. Fangen Sie an, das zu tun, was das Richtige für Sie ist.

## 16. KLARHEIT ENTWICKELN

Sie haben eine wichtige Entscheidung zu treffen, sind sich aber unsicher, was Sie tun sollen?

Befolgen Sie folgende **TIPPS,** um mehr Klarheit zu bekommen:

✓ Wenn wir irgendwohin oder uns in irgendeine Richtung entwickeln möchten, müssen wir zuerst wissen, wo genau wir stehen. Bringen Sie daher ein Problem zu Papier. Alles aufzuschreiben schafft Klarheit, bringt Ordnung in Ihre Gedanken, erleichtert eine intensivere Auseinandersetzung mit dem Problem.

✓ Machen Sie Atemübungen. Üben Sie täglich die Wechselatmung (siehe Seite 51 f.). Die Wechselatmung baut Stress ab und schafft eine balancierte Gehirnfunktion der linken und rechten Gehirnhälfte. Die Wechselatmung unterstützt den Geist dabei, glücklich und ruhig zu sein. Das schafft Klarheit.

Entfalten Sie Ihr volles Potential

*"I am convinced that it is within reach to envisage a world where we know how best to take care of our minds in ways that support mental and physical health."*

WILLEM KUYKEN, PhD., DClinPsy
DIRECTOR, OXFORD MINDFULNESS CENTRE
PROFESSOR OF CLINICAL PSYCHOLOGY
UNIVERITY OF OXFORD

## 17. SELBSTFÜRSORGE: KÜMMERN SIE SICH UM SICH SELBST ZUERST; ERST DANN HELFEN SIE ANDEREN!

Bei jedem Flug ertönen die Sicherheitshinweise der Flugbegleiter: *„Bringen Sie Ihre Sauerstoffmaske zuerst auf Ihren Mund, bevor Sie anderen helfen."* Dies macht Sinn, denn wenn wir selbst nicht atmen können, sind wir nutzlos für alle anderen um uns herum. Dies gilt nicht nur in der Luft. Nehmen Sie sich daher ausreichend Zeit für sich selbst. Sorgen Sie dafür, dass es Ihnen gut geht. Erst dadurch werden Sie in der Lage sein, sich auch um andere zu kümmern.

**WICHTIG:** SCHÜTZEN SIE IHRE EIGENE GESUNDHEIT. Das Immunsystem und andere Körperfunktionen werden oft durch Stress gestört. Aber nur wer gesund ist, ist leistungsfähig und kann auch anderen helfen.

Nutzen Sie folgende **TIPPS,** um Ihre Gesundheit zu schützen:

✓ **Ganz wichtig:** Leben Sie im Moment. Achtsamkeitspraktiken helfen Ihnen dabei.

✓ Hören Sie auf Ihren Körper. Achten Sie im Alltag immer wieder ganz bewusst darauf, was der Körper Ihnen sagt. Haben Sie Durst oder Hunger? Sind Sie müde oder aufgeregt? Ist Ihr Nacken verspannt, sind Ihre Muskeln verkrampft oder sind Sie entspannt? Ist Ihr Atem flach und kurz oder tief und lang? Ist Ihnen kalt oder warm?

✓ Schalten Sie ab. Nicht abschalten zu können, ist eines der größten Probleme von Menschen in stressigen Berufen. Viel zu oft wird die für das Wochenende geplante Erholung durch Gedanken an die Verhandlung in der nächsten Woche oder das unmittelbar bevorstehende Fristende gestört und damit die Erholung torpediert. Unser Gehirn ist immer noch aktiv. Wir kommen innerlich nicht zur Ruhe. Lösen Sie sich daher auch gedanklich vom Job, wenn Sie nicht arbeiten. Menschen, die nicht wissen, was sie in ihrer Freizeit machen sollen oder keine Freizeit haben, leiden eher an Erschöpfung als Menschen, die eine gewisse emotionale Distanz zu ihrem Job haben.

✓ Verbessern Sie Ihre Gesundheit durch eine abwechslungsreiche und gesunde Ernährung, ausreichend Ruhe und Bewegung, und verfolgen Sie Freizeitaktivitäten, die Ihnen Freude machen.

✓ Nehmen Sie sich regelmäßig Auszeiten. Machen Sie Urlaub oder nehmen Sie ein verlängertes Wochenende frei, um aufzutanken.

✓ Sehen Sie in der Freizeit nicht nur fern, sondern unternehmen Sie etwas. Suchen Sie sich ein Hobby.

✓ Machen Sie einen sog. Digital Detox. Überall und permanent werden wir mit Informationen berieselt. E-Mail, Telefon etc. Gönnen Sie sich daher regelmäßige digitale Auszeiten. Gehen Sie beispielsweise abends ab einer bestimmten Zeit mit dem Smartphone offline.

✓ Stehen Sie regelmäßig, am besten jede Stunde, von Ihrem Schreibtisch auf und recken und strecken sich. Dehnen Sie Ihre Muskeln. Als Erinnerung stellen Sie sich einen Timer.

✓ Betätigen Sie sich körperlich. Mit ca. 30 Minuten körperlicher Betätigung am Tag beispielsweise einem Spaziergang, Schwimmen, Yoga oder auch Thai Chi, erzielen Sie gesundheitsfördernde Vorteile. So können Sie unter anderem Ihren Cholesterinspiegel und den Blutdruck senken, Knochen gesunde halten und das Immunsystem verbessern.

✓ Schaffen Sie sich Freiräume.
Sagen Sie z. B. „Nein", wenn etwas zu viel wird und setzen damit liebevolle Grenzen.

✓ Richten Sie sich so ein, dass Sie sich wohl fühlen. Kaufen Sie sich Blumen für Ihr Büro. Stellen Sie Fotos von Menschen auf Ihren Schreibtisch, die Ihnen nahestehen. Hängen Sie Bilder an den Wänden auf. Gesundheit und Wohlfühlen sind enger verbunden als Sie denken.

✓ Lächeln Sie. Nehmen Sie alles mit Humor. Das macht Vieles einfacher.

✓ Gehen Sie in die Natur. Das gibt Ihnen Energie und Kraft. Ein Spaziergang an der frischen Luft in der Natur kann Sorgen und Probleme relativieren.

✓ Nehmen Sie idealerweise zwischen 18-19 Uhr (alternativ zwei Stunden vor dem Zubettgehen) die letzte Mahlzeit des Tages zu sich. Dann kann die Nahrung noch gut verdaut werden. Das wird Ihnen helfen, Ihren Schlaf zu vertiefen und ausgeruhter in den nächsten Tag zu starten. Ist unser Magen mit einer zu üppigen und schwerverdaulichen Mahlzeit überlastet, wird die körperliche Regeneration, die nachts stattfindet, behindert.

Entfalten Sie Ihr volles Potential

*"It* (MINDFULNESS) *offers stress relief and improved concentration."*

**THE NEW YORK TIMES**

## Entfalten Sie Ihr volles Potential

**PRAXISÜBUNG: KÖRPERSCAN**

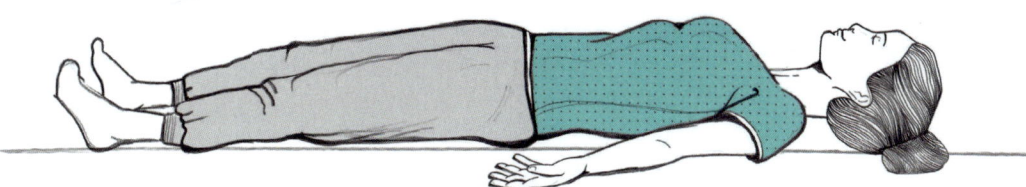

Nehmen Sie sich an den Tagen, an denen sich Spannung aufbaut, Zeit für einen Körperscan. Er stärkt das Gefühl für die Signale des eigenen Körpers. Ein Körperscan ist eine Entspannungstechnik, die die Atmung und die Visualisierung mit progressiver Muskelrelaxation verbindet. **Ein Körperscan kann Ihnen helfen, die Spannung in Ihrem Körper zu lokalisieren und loszulassen.** Je öfter Sie den Körperscan praktizieren, desto feiner wird Ihre Wahrnehmung.

1. Lockern Sie Ihre Kleidung. Ziehen Sie Ihre Schuhe aus.

2. Legen Sie sich auf den Rücken. Benutzen Sie als Unterlage, z.B. eine Yogamatte. Schließen Sie sanft die Augen. Kommen Sie an.

3. Spüren Sie, wie Ihr Körper in den Boden sinkt. Nehmen Sie bewusst wahr, wie Ihr Körper den Boden berührt.
Spüren Sie, wie der Atem in und aus dem Körper strömt. Spüren Sie ihn an der Nasenspitze. Lassen Sie sich mit jedem Atemzug tiefer in den Boden sinken.

4. Bringen Sie Ihre Aufmerksamkeit jetzt zur Bauchdecke. Nehmen Sie bewusst wahr, wie der Bauch sich mit jeder Einatmung hebt und wie er sich mit jeder Ausatmung senkt.

5. Bringen Sie Ihre Aufmerksamkeit nun zu den Zehen. Wie fühlen sich die Zehen an? Spüren Sie etwas?
Schicken Sie jetzt Ihren Atem hinab bis in die Zehen. Atmen Sie in die Zehen hinein und lassen Sie mit jeder Ausatmung alle Anspannung in den Zehen los. Sagen Sie innerlich: *„Zehen entspannt."* Lassen Sie los.

6. Dehnen Sie sodann Ihre Aufmerksamkeit auf die Füße aus. Konzentrieren Sie sich dabei auf die Ballen, die Fersen, die Knöchel, die Seiten und die oberen Teile der Füße. Atmen Sie in die gesamten Füße hinein und lassen Sie mit jeder Ausatmung alle Anspannung in den Füßen los. Sagen Sie innerlich still und leise: *„Füße entspannt."* Lassen Sie los.

7. Gehen Sie auf diese Art und Weise einzeln weiter durch die Beine (Unterschenkel, Knie, Oberschenkel), Becken, Hüften, Gesäß und dann mit den übrigen Körperteilen, einschließlich Brust, Rücken, Schultern, Arme und Hände. Es gibt nichts, an dem Sie festhalten müssen. Weiter geht es mit dem Hals, Nacken, Gesicht (lassen Sie dieses ganz weich werden), Stirn, Kiefer, Mund und Augenlider bis zum Scheitel. Gehen Sie auch durch die inneren Organe.

8. Spüren Sie in Ihren Körper als Ganzes hinein. Lassen Sie den Atem ganz sanft und lautlos werden. Sollte irgendein Teil Ihres Körpers noch angespannt sein, konzentrieren Sie sich auf diesen Teil und atmen Sie dort hinein. Wenn Sie ausatmen, stellen Sie sich vor, wie jede verbleibende Spannung aus Ihrem Körper fließt.

9. Bleiben Sie noch ein paar Minuten ruhig liegen. Spüren Sie der Übung nach. Dann fangen Sie an, den Atem wieder zu vertiefen. Atmen Sie tief ein und aus. Bewegen Sie Ihre Hände und Füße. Erst dann öffnen Sie die Augen.

**Dauer: 10 Minuten**

Entfalten Sie Ihr volles Potential

Entfalten Sie Ihr volles Potential

*"When you eat ... just eat."*

**PRAXISÜBUNG: ACHTSAM ESSEN**

Zeit zum Essen zwischen Sitzungen, Terminen und anderen Verpflichtungen zu finden, ist oft eine Herausforderung für Menschen mit stressigen Berufen. Meist reicht die Mittagspause nur dazu, am Schreibtisch ein Sandwich oder Ähnliches zu essen. Aber durch eine nebenbei heruntergeschlungene Mahlzeit erfahren wir natürlich kein Gefühl der Zufriedenheit. Darüber hinaus laufen wir Gefahr, viel zu viel zu essen, weil wir gar nicht mitbekommen, wann wir satt sind. Das geschieht nur, wenn wir nicht nur der Auswahl unserer Nahrung („Du bist was Du isst"), sondern auch dem Vorgang des Essens Achtsamkeit entgegenbringen. Wenn wir uns die Zeit nehmen, aufmerksam zu essen, können wir unser Essen genießen und auch kontrollieren, wie viel wir essen.

Suchen Sie sich einen ruhigen Platz, an dem Sie nicht gestört werden. Schließen Sie die Augen. Bringen Sie Ihre Aufmerksamkeit auf den Atem. Atmen Sie tief ein und aus. Öffnen Sie die Augen und sehen Sie sich das Essen an. Betrachten Sie die Farbe und Form. Riechen Sie an dem Essen. Schmecken Sie es. Kauen Sie langsam. Schmecken Sie die Zutaten und Gewürze. Essen Sie ohne Hast. Genießen Sie Biss für Biss. Der Körper braucht ca. 20 Minuten, um ein Sättigungsgefühl zu empfinden. Wenn Sie langsamer essen, brauchen Sie auch weniger Nahrung, um satt zu werden.

## PRAXISÜBUNG: ACHTSAMER SPAZIERGANG

Wählen Sie eine ebene, ruhige und nicht anstrengende Gehstrecke für Ihren achtsamen Spaziergang aus. Ein langsamer, aufmerksamer Spaziergang hilft Ihnen dabei, sich zu entspannen.
Atmen Sie tief und gleichmäßig ein und aus. Nehmen Sie Ihren Atem wahr. Erweitern Sie Ihr Bewusstsein auf die Gegebenheiten und Gerüche um Sie herum. Beachten Sie das Gras, die Blumen oder das Laub der Bäume, die Sonne oder den Regen. Wie fühlt sich der Boden unter Ihren Füßen an? Welche Gedanken gehen durch Ihren Kopf? Beobachten Sie!

## 18. MIT DRUCK UND STRESS BESSER UMGEHEN: STRESSABBAU

Viele Berufsanfänger wissen nicht, was sie im Berufsleben erwartet. Der Druck des Berufs kann so groß sein, dass ihm nur eine psychisch gefestigte Persönlichkeit gewachsen sein kann. Eine Studie[9] aus der Junior Lawyers Division, die Teil der Law Society in England ist, zeigt, dass bereits 93% der jungen Anwälte gestresst sind; 26% davon sind sehr gestresst. Als Gründe dafür wurden das gewaltige Arbeitspensum, fehlende Unterstützung, die hohe Erwartungshaltung der Mandanten und ineffektives Management genannt. Statistiken zeigen auch, dass für viele Anwälte in den Vereinigten Staaten von Amerika Suchterkrankungen und psychische Probleme Alltag sind. Depressionen und Angstzustände sind unter Anwälten in den Vereinigten Staaten weiterverbreitet als bei anderen Berufsgruppen[10].

**Lernen Sie daher, Stress abzubauen.**

Wie kann ich mit Druck umgehen?
Wie kann ich Konflikte lösen?
Wie gehe ich mit Ängsten um?

Hier sind ein paar Entspannungstechniken, die Sie gut in Ihren Arbeitsalltag integrieren können. Sie helfen mit Stresssituationen und Konflikten besser umzugehen.

---

[9] *http://communities.lawsociety.org.uk/Uploads/g/x/g/jld-resilience-and-wellbeing-survey-report-2017.pdf*
[10] *Krill, Patrick R. JD LLM; Johnson, Ryan MA; Albert, Linda MSSW, The Prevalence of Substance Use and Other Mental Health Concerns Among American Attorneys, Journal of Addiction Medicine, -Volume 10- Issue 1- S. 46-52 (Feb.2016).*

### PRAXISÜBUNG: 5 MINUTEN STRETCHING

Kurze Stretchings können helfen, Angespanntheit und Schmerzen zu beseitigen, während Sie vor dem Computer sitzen. Sie sind gleichermaßen hilfreich bei der Verhinderung von Stress vor einer Verhandlung beziehungsweise einem Termin oder wenn Sie mit Menschen oder Situationen konfrontiert sind, die Konfliktpotential haben.

### PRAXISÜBUNG: 5 MINUTEN KÖRPERSCAN

Wenn Sie längere Zeit vor dem Computer sitzen, machen Sie eine Pause und überprüfen Sie Ihren Körper auf Anspannung. Finden Sie eine bequeme aufrechte Sitzposition (Sitzpositionen, siehe Seite 34 ff.). Bringen Sie beide Füße nebeneinander zum Boden. Entspannen Sie Ihre Gesichtsmuskeln und Ihren Kiefer. Lassen Sie Ihre Schultern nach hinten und unten sinken. Lassen Sie Ihre Arme seitlich fallen. Entspannen Sie Ihre Hände. Es gibt nichts, an dem Sie festhalten müssen. Spüren Sie, wie Ihr Gesäß in den Stuhl sinkt, lassen Sie Ihre Beine bequem auseinanderfallen. Atmen Sie langsam ein und langsam aus.

### PRAXISÜBUNG: 5 MINUTEN ATEMFOKUS

Finden Sie eine bequeme aufrechte Sitzposition (Sitzpositionen, siehe Seite 34 ff.). Legen Sie Ihre Hand unterhalb Ihres Bauchnabels, sodass Sie spüren können wie sich Ihr Bauch hebt und senkt. Atmen Sie langsam ein. Pausieren Sie und zählen innerlich bis drei. Atmen Sie aus. Pausieren Sie und zählen innerlich bis drei. Atmen Sie ein paar Mal langsam, tief ein und tief aus.

### PRAXISÜBUNG: 5 MINUTEN SITZMEDITATION

Finden Sie eine bequeme aufrechte Sitzposition (Sitzpositionen, siehe Seite 34 ff.). Atmen Sie ein paar Mal tief ein und tief aus. Mit jeder Einatmung sagen Sie still und leise zu sich selbst *„Lass"* (Mantra aus dem Jivamukti Yoga) und mit jeder Ausatmung sagen Sie zu sich selbst **„Los"**.

Alternativ zählen Sie beim Einatmen: 1-2-3-4 und beim Ausatmen: 1-2-3-4. Wenn störende Gedanken, körperliche Empfindungen oder Emotionen auftauchen, nehmen Sie diese wahr und lassen Sie sie wieder gehen (so wie die Wolken am Himmel), bringen Sie Ihre Aufmerksamkeit zurück zum Atem.

## 19. BURN-OUT VORBEUGEN

Wer kennt das nicht: Stress und Überforderung führen uns oft an den Rand der Belastbarkeit. Man fühlt sich wie in einem Hamsterrad, das sich dreht und dreht und dreht... So lange, bis nichts mehr geht, laufen Sie mit- bis zur totalen Erschöpfung. Diagnose: Burn-out.

**Burn-out: Was genau ist das?**

Burn-out beschreibt einen chronischen körperlichen und emotionalen Erschöpfungszustand. Antriebslosigkeit, Mutlosigkeit, Müdigkeit, ein Gefühl von Leere und Sinnlosigkeit sind Anzeichen eines Burn-outs.

Burn-out ist nicht zwingend nur das Problem einzelner Personen. Das Thema betrifft oftmals die Kanzlei oder das Unternehmen. Diese zeigen sich jedoch im Umgang mit dieser Thematik noch sehr zurückhaltend. Nur wenige setzen sich offen damit auseinandersetzen.

**Hat Achtsamkeit das Potential, vor Burn-out zu schützen?**

**Die Antwort lautet: JA.**

Hier sind einige **TIPPS**, die Sie als Prävention gegen Burn-out nutzen können:

✓ Achten Sie auf Ihre Gedanken. Vermeiden Sie Gedanken wie: *„Ich muss der/die Beste sein. Ohne Stress geht es nicht. Ich muss mich beweisen. Ich muss mehr als andere leisten."*

**WICHTIG:** SIE MÜSSEN GAR NICHTS. Machen Sie Ihr Selbstbild nicht ausschließlich am Erfolg im Job fest!

✓ Überprüfen Sie, ob ein Konflikt zwischen Ihrem Job und Ihren Werten besteht. Sprechen Sie darüber. Burn-out entgegenzutreten wird ohne eine ernsthafte Überprüfung der Werte nicht möglich sein.

## Entfalten Sie Ihr volles Potential

Der Psychologe Dr. Amiram Elwork, ehemals Direktor des Law-Psychology (J.D.-Psy.D.) Graduate Training Programs an der Widener University, arbeitet mit Anwälten zusammen und sagt, dass *„einige Rechtsanwälte Burn-outs erleiden, weil ihre Grundwerte nicht mit ihren eigenen Verhaltensweisen übereinstimmen."*

---

Fragen Sie sich deshalb, ob Sie einen grundlegenden Konflikt zwischen Ihren persönlichen Werten und denen Ihrer Kanzlei beziehungsweise Ihres Unternehmens sehen oder mit der Natur Ihrer Arbeit.

---

✓ Kennen Sie Ihren Wert. Geben Sie sich mit nichts zufrieden, was unter Ihrem Wert ist, denn das würde Sie auf Dauer unglücklich machen.

✓ Gehen Sie mit sich selbst nicht zu hart ins Gericht. Haben Sie Nachsicht mit sich selbst. Prof. Paul Gilbert, PhD., University of Derby, ehemals Direktor des Mental Health Research Unit beim Derbyshire Mental Health Trust und Begründer der Compassion Focused Therapy sagt: *"It is not our (your) fault that we are the way we are with all our drives, passions and aversions." "...From a perspective of compassion, we remember how much of the pain and suffering in life is not of our choosing, and could not really be our fault." "...We didn't choose our parents, our childhood or the myriad of social circumstances of life. By realizing that much of what we suffer is simply not our fault, we can begin to activate compassion for ourselves and others, as we contact and engage with the tragedies of life."*[11]

✓ Seien Sie geduldig mit sich selbst und mit anderen.

---

[11] Gilbert, Paul PhD., Psychology Today, CFT: Focusing on Compassion, The Next Generation CBT (2014).

✓ Ziehen Sie klare Grenzen. Haben Sie kein schlechtes Gewissen, weil Sie auch ein Leben außerhalb der Kanzlei beziehungsweise des Unternehmens führen.

✓ Nehmen Sie nichts, wirklich gar nichts, persönlich.

✓ Das Leben ist Veränderung. Akzeptieren Sie das. Das wird Ihnen helfen, auch dunklere Zeiten zu überstehen.

✓ Seien Sie dankbar. Dankbarkeit üben vertreibt und lindert Schwermut. Praktizieren Sie daher die Dankbarkeitsmeditation, siehe Seite 68. Schreiben Sie sich auf, wofür Sie Dankbarkeit verspüren oder machen Sie sich einfach nur immer wieder bewusst, wofür Sie im Leben dankbar sind.

✓ Umgeben Sie sich mit echten Freunden.

✓ Leben Sie im Moment- im Jetzt. Achtsamkeitspraktiken helfen Ihnen dabei.

✓ Hören Sie auf Ihr Umfeld. Hat Ihnen Ihr Umfeld (Kollegen, Partner, Familie, Freunde etc.) bereits zu verstehen gegeben, dass Sie in letzter Zeit gereizt und aggressiv sind? Dass Sie sich verändert haben? Dass Sie sich immer mehr zurückziehen? Haben Sie im Privat- und Berufsleben Probleme? Haben Sie Konflikte? Wann sind Sie das letzte Mal Ihrem Hobby nachgegangen oder haben Freunde getroffen?

✓ Wenn Sie den Verdacht haben, an Burn-out erkrankt zu sein: Gehen Sie zum Arzt. **Es geht um Ihre Gesundheit!**

✓ Nehmen Sie Ihre Gedanken, Gefühle und Körperempfindungen wahr. Verstehen Sie den Zusammenhang zwischen Ihren Gedanken, Gefühlen und Körperempfindungen.

## Entfalten Sie Ihr volles Potential

*Beobachten Sie sich: Welche Gedanken erzeugen bei Ihnen Stress? Wie verhalten Sie sich dann? Wenn Sie in eine Situation geraten, die Sie stört, schauen Sie genau hin. Stehen Sie in einer langen Schlange an der Kasse im Supermarkt, weil keine zweite Kasse besetzt ist? Beobachten Sie sich. Was ist es, das Sie stört? Was sagt Ihr Körper? Was macht Ihr Atem?*

*Was brauchen Sie, damit aus diesem „Teufelskreis" ein guter Gedanke und ein gutes Gefühl hervorgeht? Wie können Sie sich wieder entspannen? Vielleicht nutzen Sie den Moment, um Durchzuatmen. Reflektieren Sie. Handeln Sie!*

✓ Verwalten Sie Ihre Energie. Das Management von Energie ist effektiv und wichtig. Im Folgenden finden Sie eine Liste von Vorschlägen, die Ihnen dabei helfen können, Ihre Kräfte einzuteilen:

- Üben Sie Yoga unter Anleitung eines qualifizierten Lehrers. Gerne in einer Gruppe.

- Meditieren Sie (siehe Seite 42 f.).

- Üben Sie MBSR nach Prof. Jon Kabat-Zinn[12] unter Anleitung eines qualifizierten Lehrers. Achtsamkeitspraktiken lassen Ihren Geist ruhig werden. So machen Sie sich weniger Sorgen und Gedanken. Ängste lassen nach.

- Praktizieren Sie den Körperscan (siehe Seite 113 f.).

---

[12] *Kabat-Zinn, Jon, Gesund durch Meditation, Das große Buch der Selbstheilung mit MBSR (2011).*

- Machen Sie Sport wie Schwimmen, Radfahren, Tanzen, Wandern etc.

- Nehmen Sie an Tai Chi-Klassen unter Anleitung eines qualifizierten Lehrers teil. Tai Chi arbeitet mit dem Energiefluss in Ihrem Körper, verbindet Geist, Körper und Seele.

- Geben Sie den Stressabbau in andere Hände. Gönnen Sie sich eine Massage, zum Beispiel eine Shiatsu-, Ayurveda- oder Thai-Massage. Massagen senken unter anderem den Blutdruck und können die Immunfunktion verbessern.

- Kochen Sie sich von Zeit zu Zeit Ihre Lieblingsmahlzeit, und hören Sie Ihre Lieblingsmusik. Ernähren Sie sich ansonsten gesund.

- Manchmal ist es auch von Vorteil, etwas radikal anderes zu tun. Je mehr Sie sich entspannen und je öfter Sie sich entspannt fühlen, je weiter werden Sie zu Ihrem natürlichen, stressfreien Zustand zurückkehren. In diesem entspannten Zustand haben Sie keine negativen Gedanken. Das macht es einfacher, Dinge in Ihr Leben zu holen, die Sie wirklich wollen.

_Entfalten Sie Ihr volles Potential_

**PRAXISÜBUNG: MUDRA (HANDSTELLUNG) FÜR VITALITÄT, SELBSTBEWUSSTSEIN UND MUT (PRAN MUDRA=LEBENSMUDRA)**

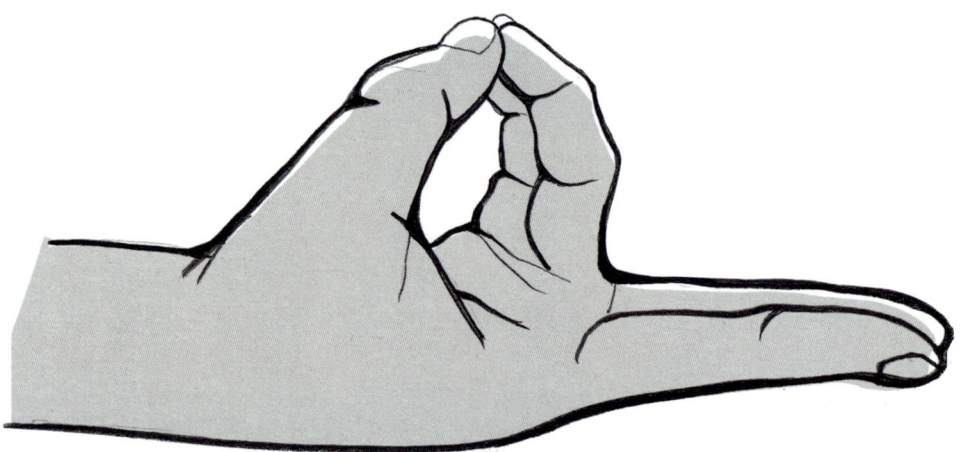

**Diese Handstellung wird bei Abgespanntheit und Nervosität angewendet und kann neue Kraft schenken.**

Pressen Sie die Fingerspitzen von Daumen, Ringfinger und dem kleinen Finger sanft aufeinander.

Zeige- und Mittelfinger strecken Sie aus.

**Dauer: 10-20 Minuten täglich**

**PRAXISÜBUNG: UMKEHRHALTUNG SCHULTERSTAND (KERZE)**

**Ändern Sie Ihre Perspektive!** Wir nehmen das gewohnte Umfeld meist nicht mehr bewusst wahr, weil es uns hinlänglich bekannt ist. Wenn wir allerdings die Perspektive ändern, sehen wir alles mit anderen Augen.
Umkehrhaltungen wie der Schulterstand bieten eine gute Möglichkeit, einen Perspektivwechsel vorzunehmen und **„die Welt mit anderen Augen zu sehen". Der Schulterstand wirkt zudem ausgleichend auf das vegetative Nervensystem. Auch werden Endorphine, die sogenannten Glückshormone, ausgeschüttet.**

**Bei Umkehrhaltungen ist VORSICHT ist geboten**, wenn Sie unter anderem an zu niedrigem oder zu hohem Blutdruck, erhöhtem Augeninnendruck, Glaukom/Grünem Star, Netzhautablösung, Tinnitus, Schwindelanfällen, Kopfschmerzen, Migräne, Entzündungen im Kopfbereich (Ohren, Nebenhöhlen etc.) oder zu Blutgerinnseln neigen sowie nach einem Zwerchfellbruch, bei Asthma, Problemen im Bereich der Halswirbelsäule (unter anderem degenerativen oder entzündlichen Beschwerden, HWS-Syndrom), wenn Sie die Brustwirbelsäule nicht strecken können, bei Schwangerschaft und Monatsblutung.

1. Es wird empfohlen, eine Wolldecke als Unterlage zu verwenden. Falten Sie dafür die Decke drei Mal, sodass ein Rechteck entsteht. Legen Sie sich auf den Rücken. Legen Sie sich so auf die Decke, dass Ihre Schultern mit dem langen Rand der Decke abschließen. Ihr Kopf ist auf dem Boden. Ihr Nacken ist frei.

Die Arme liegen eng neben dem Körper, die Handflächen pressen in den Boden.

2. Mit der Einatmung bringen Sie nun Ihre Knie auf die Stirn.

**(Drehen Sie niemals den Kopf in dieser Position und auch nicht in der vollen Stellung.)**

3. Wenn dies angenehm ist, bringen Sie die Füße hinter dem Kopf zum Boden.

4. Bringen Sie, mit der Ausatmung, die Hände mit den Fingern nach oben an den unteren Rücken.

5. Mit der nächsten Einatmung schwingen Sie die Beine nach oben, um in die volle Stellung zu kommen. Schauen Sie zum Bauchnabel.

6. Nach 30 bis 60 Sekunden geben Sie mit einer Ausatmung langsam und kontrolliert die Stellung auf, indem Sie die Knie zuerst zur Stirn bringen, dann Handflächen und Unterarme hinter dem Rücken in den Boden pressen und Wirbel für Wirbel aus der Stellung rollen. Oberkörper und Kopf bleiben am Boden. Die Füße berühren als letztes den Boden.

7. Wenn Sie aus der Stellung gekommen sind, bleiben Sie kurz ruhig auf dem Rücken liegen und spüren der Übung nach.

**Dauer: 5 Minuten**

Entfalten Sie Ihr volles Potential

## PRAXISÜBUNG: UMKEHRHALTUNG AN DER WAND

Üben Sie den Schulterstand an der Wand, wenn Ihnen die volle Stellung nicht zusagt oder Vorsicht geboten ist.

1. Falten Sie dafür eine Wolldecke drei Mal, sodass ein Rechteck entsteht. Legen Sie die Decke dicht an die Wand.

2. Setzen Sie sich mit dem Gesäß seitlich auf die Decke, sodass Sie mit dem rechten Arm die Wand berühren.

3. Drehen Sie sich nun so auf den Rücken, dass Sie die Beine senkrecht an der Wand hochstrecken können. Bringen Sie das Gesäß so nah wie möglich an die Wand. Legen Sie die Arme entspannt neben den Körper. **Drehen Sie niemals den Kopf in dieser Stellung.** Halten Sie die Stellung für 5 Minuten.

4. Um aus der Stellung zu kommen, winkeln Sie die Beine an, und rollen Sie sich auf eine Seite. Für ein paar Atemzüge bleiben Sie dort.

**Dauer: 5 Minuten**

Entfalten Sie Ihr volles Potential

*"It* **(MINDFULNESS)** *is of particular value to lawyers and law students, to help them deal better with stress and to help them perform better... It also can help people perform better by increasing their ability to be calm and to focus moment-to-moment while they're doing any of the activities that a lawyer does like listening or negotiating or advocating."*

**LEONARD L. RISKIN, PROFESSOR OF LAW
NORTHWESTERN UNIVERSITY SCHOOL OF LAW
UNIVERSITY OF FLORIDA LEVIN COLLEGE OF LAW**

## 20. EXAMENSSTRESS

Wer kennt das nicht: Juristen beispielsweise haben ein Jahr oder länger Zeit, um sich auf das Examen vorzubereiten. Sieben oder acht Klausuren in zwei Wochen, in denen das gesamte juristische Wissen abgefragt wird. Die Zukunft hängt davon ab. Die Durchfallquote ist hoch. Lernen, lernen und nochmals lernen ist angesagt. Schlaflose Nächte, teure Repetitorien, zahlreiche Entbehrungen, wie ein Jahr lang keine Freunde mehr treffen, am Wochenende „Crashkurse" besuchen. Und trotzdem sagt die innere Stimme: **„Ich lerne viel zu wenig. Ich werde durchfallen"**.

Die Leistungserwartung ist im Examen extrem hoch und kann kaum auszuhalten sein.

**WICHTIG:** ACHTEN SIE AUF IHREN ENERGIEHAUSHALT.

Da unsere Energie nicht unerschöpflich ist, ist es wichtig, sorgsam mit ihr umzugehen. Eine Methode, um mit unserer Energie besser haushalten zu können, sind Achtsamkeitsübungen.

Eine Studie der University of Cambridge and National Institute for Health Research Collaboration for Leadership in Applied Health Research and Care East of England hält es sogar für sinnvoll, Achtsamkeitsübungen nicht nur bei der Bekämpfung von Stress, sondern auch von psychischen Problemen bei Studenten einzusetzen[13].

---

[13] *Galante, Julieta Ph.,, Dufour, Géraldine MA, Vainre, Maris MA, Wagner, Adam P. PhD., Stochl, Jan PhD., Benton, Alice MSc, Lathia, Neal Ph., Howarth, Emma PhD., Prof Jones, Peter B. PhD., A mindfulness-based intervention to increase resilience to stress in university students (the Mindful Student Study): a pragmatic randomised controlled trial, University of Cambridge and National Institute for Health Research Collaboration for Leadership in Applied Health Research and Care East of England (Dec. 2017).*

**TIPPS** gegen den Stress für Examenskandidaten:

✓ Erlernen Sie die Techniken der Entspannung durch Achtsamkeit. Sie können beispielsweise die Übungen, mit Druck und Stress besser umzugehen (Stressabbau, siehe Seite 120 f., 123 ff., 135 ff.), leicht erlernen.

✓ Sobald Sie sich gestresst fühlen, atmen Sie ein paar Mal tief in den Bauch ein und aus dem Mund oder der Nase aus (Bauchatmung, siehe Seite 49 f.).

✓ Praktizieren Sie die Achtsame Pause (siehe Seite 75).

✓ Üben Sie die Handstellung (Mudra) für einen klaren Kopf (siehe Seite 77).

✓ Stellen Sie sich Ihren Erfolg, das bestandene Examen, vor. Wie fühlen Sie sich? Was denken Sie? (Visualisierung, siehe die Seiten 72, 73).

✓ Essen Sie achtsam (siehe Seite 47). Mit leerem und mit vollem Magen kann man nicht lernen, denn das stört die Konzentration. Essen Sie daher etwas weniger, als Ihr Hunger verlangt.

✓ Haben Sie kein schlechtes Gewissen, wenn Sie auch mal etwas anderes unternehmen als Lernen. Jeder Mensch hat ein Recht auf Leben.

✓ Ziehen Sie sich in die Natur zurück. Das wird Ihnen Kraft geben.

✓ Beobachten Sie sich selbst. Welche Gedanken kommen Ihnen in Bezug auf das Examen in den Sinn? Setzen Sie sich selbst mit Ihren Erwartungen unter Druck? Erwarten Sie am besten von sich gar nichts. Lernen Sie das, was gelernt werden muss. Erlauben Sie sich, auch Fehler zu machen. Das nimmt den Druck aus der Prüfungssituation.

✓ Wenn Sie lernen, stellen Sie sicher, dass Sie regelmäßig aufstehen und sich recken und strecken. Stellen Sie sich dafür einen Timer.

✓ Entschleunigen Sie. Atmen Sie erst mal ein paar Mal tief durch. Nur so können Sie konzentriert an eine Aufgabe herangehen.

✓ Machen Sie sich nicht kleiner als Sie eigentlich sind. Vertrauen Sie auf sich selbst und schieben Sie alle Selbstzweifel bei Seite. Meist können wir mehr, als wir uns selbst zutrauen. Wenn Sie zweifeln, reflektieren Sie und rufen sich die Herausforderungen ins Gedächtnis, die Sie bereits mit Bravour gemeistert haben. So beeinflussen Sie sich selbst mental.

<u>Entfalten Sie Ihr volles Potential</u>

*„Zu viele von uns haben Angst, sie selbst zu sein. Also geben wir unsere Träume auf, um der Masse zu folgen. Haben Sie den Mut, Ihr wahres- und größtes- Selbst zu sein. Lachen Sie und haben Sie Spaß. Es macht keinen Sinn, sehr erfolgreich aber traurig zu sein. Das Leben ist kein Kampf."*

**ROBIN SHARMA
WELTBESTSELLER AUTOR, ANWALT, PERSONAL COACH**

## 21. DIE RICHTIGE JOBWAHL:
## FINDEN SIE IHRE BESTIMMUNG – FINDEN SIE IHRE LEIDENSCHAFT

*„Finde einen Job, den Du liebst, und Du wirst niemals in Deinem Leben arbeiten müssen."* Dieser Satz stammt vom chinesischen Philosophen Konfuzius und rät uns im Grunde dazu, unsere Arbeit so zu wählen, dass wir in ihr Erfüllung finden. **Es gilt: Etwas, das Sie mit Begeisterung und Passion betreiben, macht Sie glücklich und führt unweigerlich zum Erfolg und Zufriedenheit.**

Die Realität sieht aber anders aus: ca. 16% der Angestellten haben innerlich bereits gekündigt - ca. 68% machen nur das Nötigste im Job und nicht mehr. Das bedeutet, dass ca. 84%[14] der Menschen einen Job haben, hinter dem sie nicht stehen. Das sollten wir aber, denn schließlich arbeiten wir mehr als acht Stunden am Tag.

**Fazit:** Wenn Sie Ihr Job nicht glücklich macht, dann können Sie selbst auch nicht glücklich werden.

**TIPP:**

✓ Nehmen Sie sich nach dem Examen Zeit und beschäftigen Sie sich intensiv damit, was Ihnen wirklich Spaß macht. Verreisen Sie, nehmen Sie sich eine Auszeit, ziehen Sie sich in die Natur zurück. Begeben Sie sich auf die Suche nach Ihrer Bestimmung, Ihrer Leidenschaft!

✓ Finden Sie Ihr „Ikigai", Ihren „Lebenssinn" (siehe Seite 69 f.).

---

[14] *http://www.gallup.de/183104/engagement-index-deutschland.aspx.*

## Entfalten Sie Ihr volles Potential

Entfalten Sie Ihr volles Potential

**Hilfreiche Fragen, um Ihre Bestimmung, Ihre Leidenschaft zu entdecken:**

1. Was ist Ihre Leidenschaft, Ihre Passion? Was lieben Sie? Was können Sie stundenlang tun, ohne müde zu werden?

2. Worin sind Sie gut? Was ist Ihr Beruf, Ihre Profession?

3. Was ist Ihre Aufgabe, Ihre Mission? Welche Ideale verfolgen Sie? Was braucht die Welt?

4. Was ist Ihre Berufung, Ihre Vokation? Mit anderen Worten: Wofür können Sie sich bezahlen lassen?

Reflektieren Sie Folgendes:

1. Was würden Sie tun, wenn Sie wüssten, Sie könnten nicht versagen? Erlauben Sie sich zu träumen! Welches Vorhaben würden Sie gerne in die Tat umsetzen?

2. Sie wollen die Welt verbessern? Welches Problem möchten Sie lösen? Wem wollen Sie helfen?

3. Wie sieht Ihr idealer Arbeitstag aus? Mit welchen Menschen wollen Sie zusammenarbeiten? Wo möchten Sie arbeiten? Wie fühlen Sie sich dabei?

4. Was ist Ihnen wichtiger, finanzielle Unabhängigkeit oder Ungebundenheit?

## 22. LERNEN SIE, IHRER INNEREN STIMME ZU FOLGEN – DER KRAFT DES UNTERBEWUSSTSEINS

Wie lange ist es her, dass Sie auf Ihre innere Stimme gehört haben?

Die innere Stimme ist besonders hilfreich bei der Suche nach Antworten zu wesentlichen Fragen und Grundsatzentscheidungen, wie zum Beispiel beruflicher Orientierung und Selbstverwirklichung.
Sie ist für die meisten Menschen im Alltag nur sehr schwer zu hören. Sie wird leicht übertönt von den äußeren Stimmen, zum Beispiel von Mitmenschen, Nachrichten, Klingeltönen und E-Mails.

**WICHTIG:** DIE INNERE STIMME HÖRT MAN AM BESTEN:

- **wenn man achtsam ist,**
- **in der Stille,**
- **wenn man allein ist.**

**TIPPS** zur Verfolgung der inneren Stimme:

✓ Schreiben Sie auf, was Sie wollen und wie Sie sich dabei fühlen.

✓ Meditieren Sie. Richten Sie den Blick nach innen und beobachten Sie, was Sie denken, ohne es zu bewerten.

✓ Sehen Sie Ihr 90-jähriges „Ich" und treffen Sie eine Entscheidung aus der Zukunft. Ich persönlich habe noch keinen Menschen getroffen, der sich am Ende seines Lebens gewünscht hat, härter gearbeitet, oder mehr Geld verdient zu haben. Worum es den Menschen geht, ist „Leben". Wenn Menschen am Ende ihres Lebens etwas bereuen, was sie nicht getan haben, ist es „gelebt" zu haben.

✓ Überlegen Sie: Wann haben Sie das letzte Mal Ihre Komfortzone verlassen? Wie haben Sie sich dabei gefühlt? War es das wert? Neue Wege zu gehen, heißt oftmals unsere Komfortzone zu verlassen und ins Neue, Unbekannte aufzubrechen. Dies erfordert vor allem eins: Mut. Besiegen Sie Ihre Angst und Zweifel, und werden Sie jeden Tag ein wenig mutiger.

## 23. NEUSTART – RESET

**Wie unsere Gedanken, Überzeugungen und Entscheidungen unser Leben verändern können.**

Leben heißt Veränderung zulassen und Neues zu wagen.

Unsere innere Einstellung und Glaubenssätze bestimmen unser Handeln.
Etwa 90% unseres Verhaltens geschieht unterbewusst. Wir merken nicht, wie wir täglich im Autopiloten-Modus agieren. Aus diesem Grund nehmen wir unsere Glaubenssätze kaum wahr. Meist gründen sich Glaubenssätze in der Vergangenheit. Glaubenssätze können unser Leben bereichern oder behindern. Alte, negative Glaubenssätze halten die meisten Menschen in ihren Problemen gefangen und behindert sie darin, neue Wege zu gehen. Nur wenn wir anfangen zu glauben, dass wir über etwas hinwegkommen, etwas überstehen oder etwas erreichen können, ist die Wahrscheinlichkeit hoch, dass wir in der Lage sind, es auch wirklich zu tun. Wenn Sie Ihre Glaubenssätze verändern, dann verändern Sie auch die Tatsachen und somit auch Ihre Resultate im Leben. Verändern Sie daher Ihre Glaubenssätze so, dass sie für Ihre Ziele und Träume arbeiten und keine Blockade für Sie sind.

**Wie können Sie Ihre Glaubenssätze verändern?**

✓ Tauschen Sie Ihre Glaubenssätze aus.

Nehmen Sie ein Blatt Papier zur Hand. Schreiben Sie Ihre Glaubenssätze auf. Welche Glaubenssätze kommen in bestimmten Situationen in Ihr Bewusstsein? (Zum Beispiel: *„Ich schaffe das nicht."*) Stellen Sie die Richtigkeit Ihrer Glaubenssätze in Frage. Stellen Sie sich zu jedem Glaubenssatz, den Sie loslassen wollen, die folgenden Fragen:

- Was ist an dem Glaubenssatz lächerlich?
- Wird sich mein Leben verbessern, wenn ich weiterhin an dem Glaubenssatz festhalte?
- Welche Vorteile hätte es, wenn ich den Glaubenssatz loslasse?
- Wie fühlt es sich an, wenn ich mich von dem Glaubenssatz befreie?

Formulieren Sie jetzt neue Glaubenssätze, die Ihr Leben bereichern und Sie dabei unterstützen, Ihre Ziele und Träume zu verwirklichen. Bedenken Sie: Die Entscheidung, welche Ihrer Glaubenssätze Sie weiterhin unterhalten und welchen Sie austauschen wollen, liegt ganz in Ihrer Hand. Schreiben Sie Ihre neuen Glaubenssätze auf. Lesen Sie sich diese mehrmals täglich laut vor. Stellen Sie sich bildlich vor, wie Ihre neuen Glaubenssätze die alten austauschen.

✓ Machen Sie einen sogenannten Clean Sweep. Löschen Sie alles, was aus Ihrem Leben eliminiert werden muss. Sie fühlen sich dann leichter, glücklicher und Ihr Geist kann zur Ruhe kommen. Überdenken Sie Ihre Prioritäten, Ihre Werte und persönliche Einstellung. Akzeptieren Sie weniger Einladungen, beschränken Sie Ihre Aktivitäten und verbringen Sie mehr Zeit in der Reflexion. Ein Clean Sweep ist eine hervorragende Möglichkeit, Ihr Leben zu straffen, zu vereinfachen und sich neu zu fokussieren.

✓ Machen Sie eine „Dinge zu tun, bevor ich sterbe" Liste. Sie sind der Autor Ihres Lebens. Ihr Leben ist eine Folge Ihrer Entscheidungen, die Sie von Moment zu Moment treffen. Sie haben jeden Moment die Wahl,

„Ja" oder „Nein", „Welche Tür möchten Sie öffnen, welche soll verschlossen bleiben?"

**DIESER TAG IST DER ERSTE TAG IHRES NEUEN LEBENS. ES IST ALLES IHRE WAHL!**

## 24. SEIEN SIE OPTIMISTISCH

Optimisten tendieren dazu, Stresssituationen besser zu bewältigen als Pessimisten. Sie sind eher geneigt, Stressoren positiv zu beeinflussen, nach Wegen zu suchen, das Beste aus einer Situation zu machen und Strategien zur Lösung von Problemen anzuwenden.

Optimisten kann es auch körperlich besser gehen. In einer Langzeitstudie[15] der Universität Zürich hatten die als Pessimisten klassifizierten Erwachsenen im Laufe von dreißig Jahren ein höheres Sterberisiko als die Optimisten. Die Selbstbewertung der eigenen Gesundheit hatte einen hohen Aussagewert mit Blick auf „die Wahrscheinlichkeit zu überleben beziehungsweise zu sterben."

Andere Forschungsergebnisse[16] deuten darauf hin, dass Optimismus eine Anfälligkeit für Herzerkrankungen verringern kann. In der Studie wurden knapp 100.000 weibliche Teilnehmerinnen untersucht. Frauen mit einer positiven Lebenseinstellung wurden weniger häufig herzkrank als Pessimisten. Dadurch stieg auch die Lebenserwartung dieser Frauen an.

---

[15] *Bopp, Matthias, Braun, Julia, Gutzwiller, Felix, Faeh, David, for the Swiss National Cohort Study Group, Health Risk or Resource? Gradual and Independent Association between Self-Rated Health and Mortality Persists over 30 years, Institut of Social and Preventive Medicine (SPM), University of Zurich.*

[16] *Tindle, HA, Chang YF, Kuller LH, Manson JE, Robinson JG, Rosal MC, Siegle GJ, Matthews KA, Optimism, cynical hostility, and incident coronary heart disease and mortality in the Women's Health Initiative, Aha Journals, 120 (8); 656-62. Doi: 10, 1161/CIRCULATIONAHA.108.827642. (Epub August 2009).*

**WICHTIG:** *Die gute Nachricht ist:* OPTIMISMUS KANN MAN ERLERNEN.

Hier sind einige **TIPPS**, die Ihnen helfen können, eine optimistischere Haltung einzunehmen:

✓ Nehmen Sie eine objektive Sicht auf die Dinge ein. Menschen schenken negativen Vorfällen automatisch mehr Beachtung als den positiven. Wenn Sie lernen wollen, optimistischer zu sein, müssen Sie sich zuallererst Ihrer negativ gefärbten Sicht auf Dinge, Erfahrungen usw. bewusst werden.
Diese Objektivität erlernen Sie am besten durch Achtsamkeitspraktiken (Üben Sie zum Beispiel den Schulterstand, siehe Seite 129 ff. und Atemübungen, siehe Seite 49 ff.).

✓ Nutzen Sie die Optimismus-Gesetze. **Merken Sie sich:**

- Wir fühlen, was wir denken.
- Was wir denken, strahlen wir aus.
- Was wir ausstrahlen, ziehen wir an.

Lassen Sie die Optimismus-Gesetze für Sie arbeiten. Je mehr positive Erfahrungen Sie machen, desto optimistischer werden Sie auch in die Zukunft sehen.

✓ Erkennen und meiden Sie typische Optimismus-Killer. Zu ihnen gehören zum Beispiel Perfektionismus, Versagensängste und Konkurrenzdenken. Geben Sie diesen Gedanken keinen Raum.

## TRAININGSPLAN: 8-WOCHEN-PROGRAMM
**„Der achtsame Anwalt - Notfallkoffer für ALLE Stressgeplagten"**

In diesem Kapitel stelle ich Ihnen ein von mir entwickeltes achtwöchiges Achtsamkeitsprogramm vor. Das Programm hat einen wöchentlichen Fokus, auf den die Praxisübungen ausgerichtet sind. Zusätzlich finden Sie jede Woche relevante Themengebiete aus dem vierten Kapitel dieses Buches aufgelistet, die Sie begleitend durchlesen können. Die darin enthaltenen Übungen und Strategien können, je nach der Ihnen zur Verfügung stehenden Zeit, zusätzlich praktiziert beziehungsweise umgesetzt werden.

„Viel hilft viel", stimmt so nicht.

Die Qualität der Achtsamkeitspraxis bemisst sich nicht daran, wie viele Übungen Sie praktizieren, sondern vielmehr, wie regelmäßig und mit welcher Hingabe, Disziplin, Freude und Neugierde Sie üben. Das Programm soll zudem in Ihren Tagesablauf passen. Ich habe die Praxisübungen des 8-Wochen-Programms daher bewusst auf drei gezielte Übungen konzentriert, sodass die Praxisübungen problemlos täglich geübt werden können. Das Programm enthält zusätzlich eine tägliche Praxisübung zur Integration von Achtsamkeit in den Alltag.

Praktizieren Sie die im Programm enthaltenen Übungen täglich acht Wochen lang. Zu Vorsichtsmaßnahmen und Wirkungen der einzelnen Praxisübungen lesen Sie bitte die vorangegangenen Kapitel beziehungsweise die darin enthaltenen Übungsanleitungen. Wenn Ihnen das Üben schwerfällt, wenn Sie die Übungen abbrechen oder unterbrechen wollen, erinnern Sie sich an Ihre Intention, die Sie mit der Praxis verbinden. Das gibt Ihnen Kraft und Ansporn weiterzumachen. Beachten Sie aber, dass es nicht darauf ankommt die Übungen perfekt auszuführen. Wichtig ist vielmehr, dass Sie Tag für Tag in sich hineinfühlen und schauen, was für Sie gerade möglich ist und was Ihnen guttut. Überfordern Sie sich also nicht. Geben Sie jeden Tag Ihr Bestes und seien Sie damit zufrieden. Wenn Sie absolut keine

Zeit haben, üben Sie wenigstens 5 Minuten Entspannungstechniken, siehe Seite 88 und Seite 95.

Gefällt Ihnen das Programm und stellen Sie nach acht Wochen fest, dass die darin enthaltenen Übungen geholfen haben, können Sie auf der Grundlage Ihrer Erfahrungen und Präferenzen auch ein eigenes tägliches Übungsprogramm zusammenstellen oder eigene Achtsamkeitsroutinen entwickeln.

Entfalten Sie Ihr volles Potential

## DER ACHTSAME ANWALT WOCHE 1

**FOKUS:**

Blockaden lösen, Spannung loslassen, Sauerstoffaustausch, Beruhigung

**PRAXISÜBUNGEN:**
- *Suchen Sie sich einen ruhigen Platz, an dem Sie nicht gestört werden.*
- *Dehnen, recken und strecken Sie sich für ein paar Minuten, bevor Sie mit den Praxisübungen beginnen.*
- *Formulieren Sie Ihre Intention für Ihre Praxis.*
- *Stellen Sie sich einen Timer.*

1. Atembeobachtung, 5-10 Minuten.
2. Bauchatmung, anfangs ein paar Atemzüge, dann 10-15 Minuten.
3. Körperscan, 10 Minuten.

**INTEGRATION VON ACHTSAMKEIT IN DEN ALLTAG:**
Mit Achtsamkeit in den Tag starten, 15 Minuten.

TRAININGSPLAN

## Entfalten Sie Ihr volles Potential

**THEMENGEBIETE:**

„Der authentische Jurist: Acting from the Inside Out", siehe Seite 102 f.,
„Der Atem: Inhale. Exhale. Repeat", siehe Seite 48 ff.

### PRAXISÜBUNG WOCHE 1: BEOBACHTUNG DES ATEMS

Finden Sie einen bequemen aufrechten Sitz (Sitzpositionen, siehe Seite 34 ff.). Schließen Sie die Augen. Lassen Sie Ihr Gesicht ganz weich werden und entspannen Sie die Schultern. Bringen Sie Ihre Aufmerksamkeit zum Atem. Nehmen Sie ganz bewusst wahr, wie der Atem kommt und wie der Atem geht. Beobachten Sie, wo sich Ihr Körper mit jeder Einatmung weitet. Beobachten Sie jeden Atemzug. Ist der Atemzug lang und tief oder kurz und flach? Versuchen Sie nicht den Atem zu verändern, sondern akzeptieren Sie ihn so wie er ist. Verweilen Sie in der Beobachtung des Atems. Wenn Sie durch störende Gedanken oder Gefühle abgelenkt werden, bringen Sie Ihre Aufmerksamkeit wieder ganz bewusst zurück zum Atem.

**Dauer: 5-10 Minuten**

### PRAXISÜBUNG WOCHE 1: BAUCHATMUNG

1. Legen Sie sich auf den Rücken. Legen Sie eine Hand mit der Handfläche nach unten auf Ihren Brustkorb. Ihre andere Hand legen Sie mit der Handfläche nach unten knapp unter den Bauchnabel.

2. Atmen Sie tief durch die Nase in den Bauch ein und tief aus dem Bauch durch den Mund aus, sodass sich der Unterbauch hebt und senkt. Wenn Sie flacher atmen, hebt sich nur Ihr Oberkörper.

3. Zählen Sie bei der Einatmung still und leise langsam bis drei (Ein: 1-2-3). Zählen Sie bei der Ausatmung ebenfalls langsam bis drei (Aus: 1-2-3). Wichtig ist, dass die Ein- und Ausatmung stets gleich lange dauern. Erhöhen Sie mit fortschreitender Übung die Zahl für die Ein- und Ausatmung auf sechs.

**Dauer: Üben Sie anfangs nur für ein paar Atemzüge. Weiten Sie die Übung dann auf 10-15 Minuten aus.**

_Entfalten Sie Ihr volles Potential_

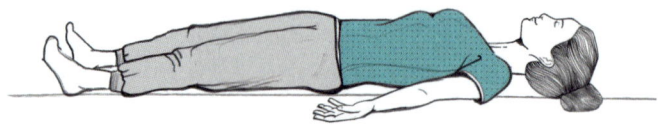

## PRAXISÜBUNG WOCHE 1: KÖRPERSCAN

1. Lockern Sie Ihre Kleidung, wenn sie eng ist. Ziehen Sie Ihre Schuhe aus.

2. Legen Sie sich auf den Rücken. Benutzen Sie als Unterlage vorzugsweise eine Yogamatte. Schließen Sie sanft die Augen. Kommen Sie an.

3. Spüren Sie, wie Ihr Körper in den Boden sinkt. Nehmen Sie bewusst wahr, wie Ihr Körper den Boden berührt.
Spüren Sie, wie der Atem in den und aus dem Körper strömt. Spüren Sie ihn an der Nasenspitze. Lassen Sie sich mit jedem Atemzug tiefer in den Boden sinken.

4. Bringen Sie Ihre Aufmerksamkeit jetzt zur Bauchdecke. Nehmen Sie bewusst wahr, wie der Bauch sich mit jeder Einatmung hebt und wie er sich mit jeder Ausatmung senkt.

5. Bringen Sie Ihre Aufmerksamkeit nun zu den Zehen. Wie fühlen sich die Zehen an? Spüren Sie etwas?
Schicken Sie jetzt Ihren Atem hinab bis in die Zehen. Atmen Sie in die Zehen hinein und lassen Sie mit jeder Ausatmung alle Anspannung in den Zehen los. Sagen Sie innerlich: *„Zehen entspannt."* Lassen Sie los.

6. Dehnen Sie sodann Ihre Aufmerksamkeit auf die Füße aus. Konzentrieren Sie sich dabei auf die Ballen, die Knöchel, die Fersen, die Seiten und die oberen Teile der Füße. Atmen Sie in die gesamten

Füße hinein und lassen Sie mit jeder Ausatmung alle Anspannung in den Füßen los. Sagen Sie innerlich: *„Füße entspannt."* Lassen Sie los.

7. Gehen Sie auf diese Art und Weise durch die Beine (Unterschenkel, Knie, Oberschenkel), Becken, Hüften, Gesäß und von dort durch die übrigen Körperteile, einschließlich Brust, Rücken, Schultern, Arme und Hände. Es gibt nichts, an dem Sie festhalten müssen. Weiter geht es mit dem Hals, Nacken, Gesicht (lassen Sie dieses ganz weich werden), Stirn, Kiefer, Mund und Augenlider bis zum Scheitel. Gehen Sie auch durch die inneren Organe.

8. Spüren Sie in Ihren Körper als Ganzes hinein. Lassen Sie den Atem ganz sanft und lautlos werden. Sollte irgendein Teil Ihres Körpers noch angespannt sein, konzentrieren Sie sich auf diesen Teil und atmen Sie dort hinein. Wenn Sie ausatmen, stellen Sie sich vor, wie jede verbleibende Spannung aus Ihrem Körper fließt.

9. Bleiben Sie noch ein paar Minuten ruhig liegen. Spüren Sie der Übung nach. Dann fangen Sie an, den Atem wieder zu vertiefen. Atmen Sie tief ein und aus. Bewegen Sie Ihre Hände und Füße. Erst dann öffnen Sie die Augen.

**Dauer: 10 Minuten**

**INTEGRATION VON ACHTSAMKEIT IN DEN ALLTAG WOCHE 1:
MIT ACHTSAMKEIT IN DEN TAG STARTEN**

Etablieren Sie eine Morgenroutine. Menschen mit stressigen Berufen beginnen den Tag oft mit Hektik .... alles schnell, schnell, schnell und am besten sofort... Die am Morgen mitgenommene Hektik zieht sich dann durch den gesamten Tag. Dies ist keine gute Basis.

Wenn Sie morgens aufwachen, springen Sie nicht sofort aus dem Bett.

Setzen Sie sich im Bett aufrecht hin, schließen Sie die Augen und atmen Sie tief ein und aus. Lassen Sie die Gedanken kommen und gehen (*so **wie die Wolken am Himmel***), ohne an ihnen festzuhalten. Dann recken und strecken Sie sich. Erst dann stehen Sie auf, frühstücken und starten erfrischt und ausgeruht in den Tag.

**Dauer: 15 Minuten**

Entfalten Sie Ihr volles Potential

## DER ACHTSAME ANWALT WOCHE 2

**FOKUS:**

**Innere Ruhe, "Peace of Mind"**

**PRAXISÜBUNGEN:**
- *Suchen Sie sich einen ruhigen Platz, an dem Sie nicht gestört werden.*
- *Dehnen, recken und strecken Sie sich für ein paar Minuten, bevor Sie mit den Praxisübungen beginnen.*
- *Formulieren Sie Ihre Intention für Ihre Praxis.*
- *Stellen Sie sich einen Timer.*

1. Atembeobachtung, 5-10 Minuten.
2. Bauchatmung mit Hochziehen des Atems in den Brustkorb, anfangs ein paar Atemzüge, dann 10 Minuten.
3. Sitzmeditation, anfangs 3 Minuten, mit zunehmender Praxis dehnen Sie die Meditation bis 5 Minuten aus.

**INTEGRATION VON ACHTSAMKEIT IN DEN ALLTAG:**
**Nutzen Sie den Atem als Ruhepol.**

**THEMENGEBIETE:**

„Achtsames Sprechen, achtsames Zuhören", siehe Seite 79 f., „Achtsamkeit: Ihre Geheimwaffe in der Verhandlung", siehe Seite 80 f.

**PRAXISÜBUNG WOCHE 2: BEOBACHTUNG DES ATEMS**

Finden Sie einen bequemen aufrechten Sitz (Sitzpositionen, siehe Seite 34 ff.). Schließen Sie die Augen. Lassen Sie Ihr Gesicht ganz weich werden und entspannen Sie die Schultern. Bringen Sie Ihre Aufmerksamkeit zum Atem. Nehmen Sie ganz bewusst wahr, wie der Atem kommt und wie der Atem geht. Beobachten Sie, wo sich Ihr Körper mit jeder Einatmung weitet. Beobachten Sie jeden Atemzug. Ist der Atemzug lang und tief oder kurz und flach? Versuchen Sie nicht, den Atem zu verändern, sondern akzeptieren Sie ihn so wie er ist. Verweilen Sie in der Beobachtung des Atems. Wenn Sie durch störende Gedanken oder Gefühle abgelenkt werden, bringen Sie Ihre Aufmerksamkeit wieder ganz bewusst zurück zum Atem.

**Dauer: 5-10 Minuten**

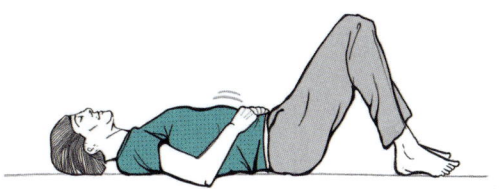

## PRAXISÜBUNG WOCHE 2: BAUCHATMUNG MIT HOCHZIEHEN DES ATEMS IN DEN BRUSTKORB

1. Legen Sie sich auf den Rücken. Legen Sie eine Hand mit der Handfläche nach unten auf Ihren Brustkorb. Ihre andere Hand legen Sie mit der Handfläche nach unten knapp unter den Bauchnabel.

2. Atmen Sie tief durch die Nase in den Bauch ein und tief aus dem Bauch durch den Mund aus, sodass sich der Unterbauch hebt und senkt. Wenn Sie flacher atmen, hebt sich nur Ihr Oberkörper.

3. Zählen Sie bei der Einatmung still und leise langsam bis drei (Ein: 1-2-3). Zählen Sie bei der Ausatmung ebenfalls langsam bis drei (Aus: 1-2-3). Wichtig ist, dass die Ein- und Ausatmung stets gleich lange dauern. Erhöhen Sie mit fortschreitender Übung die Zahl für die Ein- und Ausatmung auf sechs.

4. Wer weitergehen will, atmet tief durch die Nase in den Bauch ein und zieht den Atem dann hoch bis in den Brustkorb. Atmen Sie die ersten Male die Luft durch den Mund aus.

5. Dann lassen Sie auch beim Ausatmen den Mund geschlossen und atmen ausschließlich durch die Nase aus. Zuerst atmen Sie die Luft aus dem Brustkorb, dann die Luft aus dem Bauch aus. Achten Sie auch hier darauf, dass die Ein- und Ausatmung gleich lange dauern.

6. Zählen Sie hier bis acht oder zehn bei der Ein- sowie bei der Ausatmung (Ein: 1-5-8/10. Aus: 1-5-8/10).

7. Nach der Übung bleiben Sie ein paar Minuten mit geschlossenen Augen auf dem Rücken liegen und spüren Sie der Übung nach. Atmen Sie normal.

**Dauer: Üben Sie anfangs nur für ein paar Atemzüge. Weiten Sie die Übung dann auf 10-15 Minuten aus.**

## PRAXISÜBUNG WOCHE 2: SITZMEDITATION

1. Der erste Schritt ist, sich seines Atems bewusst zu werden. Dafür legen Sie sich entspannt auf den Rücken. Schließen Sie die Augen. Atmen Sie durch die Nase und spüren Sie, wie Ihr Atem in den Körper und aus dem Körper strömt. Nehmen Sie wahr, wie sich der Bauch mit jeder Einatmung hebt und wie er sich mit jeder Ausatmung senkt. Kontrollieren und verändern Sie den Atem nicht.

2. Setzen Sie sich nun auf, in eine bequeme, aufrechte Position (Sitzpositionen, siehe Seite 34 ff.). Sie können sich auf einen Stuhl setzen oder auf den Boden. Wichtig ist, dass die Wirbelsäule gerade ist. Legen Sie die Handflächen auf den Knien ab. Entspannen Sie Ihr Gesicht. Sitzen Sie still mit geschlossenen Augen und atmen Sie bewusst. Lassen Sie den Atem fließen. Nehmen Sie wahr, wie der Atem in und aus dem Körper strömt.

3. Um die Konzentration auf dem Atem zu halten, sagen Sie sich nun innerlich mit der Einatmung *„Lass"* und mit der Ausatmung *„Los"* (Mantra aus dem Jivamukti Yoga). Alternativ zählen Sie bei der Einatmung: 1-2-3-4 und bei der Ausatmung: 1-2-3-4.
Wenn störende Gedanken, körperliche Empfindungen und Emotionen auftauchen, nehmen Sie diese wahr und lassen Sie sie gehen (so wie die Wolken am Himmel). Bringen Sie Ihre Aufmerksamkeit zurück zu Ihrem Atem.

4. Direkt im Anschluss daran, legen Sie sich für ein paar Minuten mit geschlossenen Augen flach auf den Rücken und spüren der Übung nach. Entspannen Sie sich.

**Dauer:   Anfangs 3 Minuten täglich. Mit zunehmender Praxis dehnen Sie die Meditation bis zu einer Stunde aus.**

**INTEGRATION VON ACHTSAMKEIT IN DEN ALLTAG WOCHE 2: NUTZEN SIE DEN ATEM ALS RUHEPOL**

Verbinden Sie sich im Laufe des Tages immer wieder mit dem Atem.

Zählen Sie langsam innerlich von zehn abwärts auf null. Mit jeder Zahl, verbinden Sie einen Atemzug, Ein- und Ausatmung. Wenn Ihnen schwindelig wird, werden Sie langsamer. Wenn Sie bei Null ankommen, werden Sie sich entspannter fühlen.

## DER ACHTSAME ANWALT WOCHE 3

**FOKUS:**

Stressabbau

**PRAXISÜBUNGEN:**

- *Suchen Sie sich einen ruhigen Platz, an dem Sie nicht gestört werden.*
- *Dehnen, recken und strecken Sie sich für ein paar Minuten, bevor Sie mit den Praxisübungen beginnen.*
- *Formulieren Sie Ihre Intention für Ihre Praxis.*
- *Stellen Sie sich einen Timer.*

1. Atembeobachtung, 5-10 Minuten.
2. Wechselatmung, fangen Sie mit 8 Runden an und dehnen Sie die Praxis mit der Zeit auf 5 Minuten aus.
3. Sitzmeditation, 10 Minuten.

**INTEGRATION VON ACHTSAMKEIT IN DEN ALLTAG:**
Achtsamer Spaziergang.

## THEMENGEBIETE:

„Mit Druck und Stress besser umgehen- Stressabbau", siehe Seite 120f., „Selbstbewusstsein stärken", siehe Seite 106, „Neustart – Reset", siehe Seite 143, „Seien Sie optimistisch", siehe Seite 145.

### PRAXISÜBUNG WOCHE 3: BEOBACHTUNG DES ATEMS

Finden Sie einen bequemen aufrechten Sitz (Sitzpositionen, siehe Seite 34 ff.). Schließen Sie die Augen. Lassen Sie Ihr Gesicht ganz weich werden und entspannen Sie die Schultern. Bringen Sie Ihre Aufmerksamkeit zum Atem. Nehmen Sie ganz bewusst wahr, wie der Atem kommt und wie der Atem geht. Beobachten Sie, wo sich Ihr Körper mit jeder Einatmung weitet. Beobachten Sie jeden Atemzug. Ist der Atemzug lang und tief oder kurz und flach? Versuchen Sie nicht den Atem zu verändern, sondern akzeptieren Sie ihn so wie er ist. Verweilen Sie in der Beobachtung des Atems. Wenn Sie durch störende Gedanken oder Gefühle abgelenkt werden, bringen Sie Ihre Aufmerksamkeit wieder ganz bewusst zurück zum Atem.

**Dauer: 5–10 Minuten**

### PRAXISÜBUNG WOCHE 3: WECHSELATMUNG

1. Setzen Sie sich bequem hin. Sie können eine der Sitzhaltungen der Sitzmeditation wählen (siehe Seite 34 ff.). Die Wirbelsäule ist gerade, die Schultern sind entspannt. Haben Sie ein sanftes Lächeln auf den Lippen.

2. Legen Sie die linke Hand mit der Handfläche nach unten auf Ihr linkes Knie. Wenn es angenehm ist, können Sie zusätzlich eine Mudra, das heißt eine Handstellung, einnehmen. Dafür berühren sich Daumen und Zeigefinger sanft an den Spitzen (Chin Mudra).

3. Beugen Sie den Zeige- und den Mittelfinger der rechten Hand und legen Sie diese auf dem Ballen des rechten Daumens ab. Der Daumen dient dazu, das rechte Nasenloch zu schließen bzw. zu öffnen. Der Ringfinger schließt oder öffnet das linke Nasenloch. Schließen Sie die Augen.

4. Mit dem Daumen schließen Sie das rechte Nasenloch und atmen durch das linke Nasenloch vollständig aus.

5. Atmen Sie durch das linke Nasenloch ein und schließen es dann mit dem Ringfinger. Öffnen Sie das rechte Nasenloch und atmen dort aus.

6. Atmen Sie rechts ein und auf der linken Seite wieder aus. Das ist eine Runde. Fahren Sie fort.

## Entfalten Sie Ihr volles Potential

7. Vollenden Sie mehrere solcher Runden, indem Sie abwechselnd durch die jeweiligen Nasenlöcher atmen. Vergessen Sie nicht, nach jeder Ausatmung wieder durch dasselbe Nasenloch einzuatmen, durch das Sie ausgeatmet haben.

8. Lassen Sie die Ein- und die Ausatmung gleich lange dauern. Zählen Sie dafür bis vier mit der Einatmung (Ein: 1-2-3-4) und bis vier mit der Ausatmung (Aus: 1-2-3-4).

9. Wichtig ist, dass Sie die letzte Runde mit der Ausatmung durch das linke Nasenloch beenden. Bleiben Sie nach Beendigung der Übung für ein paar Minuten ruhig mit geschlossenen Augen sitzen und spüren der Übung nach. Atmen Sie normal. Gerne können Sie eine kurze Meditation (siehe Seite 42 f.) anschließen.

**Dauer: Fangen Sie mit acht Runden an und dehnen Sie die Übung mit der Zeit auf 5 Minuten aus.**

## PRAXISÜBUNG WOCHE 3: SITZMEDITATION

1. Der erste Schritt ist, sich seines Atems bewusst zu werden. Dafür legen Sie sich entspannt auf den Rücken. Schließen Sie die Augen. Atmen Sie durch die Nase und spüren Sie, wie Ihr Atem in den Körper und aus dem Körper strömt. Nehmen Sie wahr, wie sich der Bauch mit jeder Einatmung hebt und wie er sich mit jeder Ausatmung senkt. Kontrollieren und verändern Sie den Atem nicht.

2. Setzen Sie sich nun auf, in eine bequeme, aufrechte Position (Sitzpositionen, siehe Seite 34 ff.). Sie können sich auf einen Stuhl setzen oder auf den Boden. Wichtig ist, dass die Wirbelsäule gerade ist. Legen Sie die Handflächen auf den Knien ab. Entspannen Sie Ihr Gesicht. Sitzen Sie still mit geschlossenen Augen und atmen Sie bewusst. Lassen Sie den Atem fließen. Nehmen Sie wahr, wie der Atem in und aus dem Körper strömt.

3. Um die Konzentration auf dem Atem zu halten, sagen Sie sich nun innerlich mit der Einatmung *„Lass"* und mit der Ausatmung *„Los"* (Mantra aus dem Jivamukti Yoga). Alternativ zählen Sie mit der Einatmung: 1-2-3-4 und mit der Ausatmung: 1-2-3-4.

Wenn störende Gedanken, körperliche Empfindungen und Emotionen auftauchen, nehmen Sie diese wahr und lassen Sie sie gehen (so wie die Wolken am Himmel). Bringen Sie Ihre Aufmerksamkeit zurück zu Ihrem Atem.

4. Direkt im Anschluss daran, legen Sie sich für ein paar Minuten mit geschlossenen Augen flach auf den Rücken und spüren der Übung nach. Entspannen Sie sich.

**Dauer: 10 Minuten**

### INTEGRATION VON ACHTSAMKEIT IN DEN ALLTAG WOCHE 3: ACHTSAMER SPAZIERGANG

Wählen Sie eine ebene, ruhige und nicht anstrengende Gehstrecke für Ihren achtsamen Spaziergang aus. Ein langsamer, aufmerksamer Spaziergang hilft Ihnen dabei, sich zu entspannen. Atmen Sie tief und gleichmäßig ein und aus. Nehmen Sie Ihren Atem wahr. Erweitern Sie Ihr Bewusstsein auf die Gegebenheiten und Gerüche um Sie herum. Beachten Sie das Gras, die Blumen oder das Laub und die Bäume, die Sonne oder den Regen. Wie fühlt sich der Boden unter Ihren Füßen an? Welche Gedanken gehen durch Ihren Kopf? Beobachten Sie!

Entfalten Sie Ihr volles Potential

## DER ACHTSAME ANWALT WOCHE 4

**FOKUS:**

Ballast abwerfen

**PRAXISÜBUNGEN:**
- Suchen Sie sich einen ruhigen Platz, an dem Sie nicht gestört werden.
- Dehnen, recken und strecken Sie sich für ein paar Minuten, bevor Sie mit den Praxisübungen beginnen.
- Formulieren Sie Ihre Intention für Ihre Praxis.
- Stellen Sie sich einen Timer.

1. Atembeobachtung, 5-10 Minuten.
2. Wechselatmung, 5 Minuten oder Bauchatmung mit Hochziehen des Atems in den Brustkorb, 10-15 Minuten.
3. Körperscan, 10 Minuten.

**INTEGRATION VON ACHTSAMKEIT IN DEN ALLTAG:**
Achtsames Atmen.

## Entfalten Sie Ihr volles Potential

**THEMENGEBIETE:**

„Selbstfürsorge: Kümmern Sie sich um sich selbst zuerst; erst dann helfen Sie anderen", siehe Seite 109 f., „Selbstvertrauen und Resilienz in herausfordernden Situationen", siehe Seite 105, „Klarheit entwickeln", siehe Seite 107.

### PRAXISÜBUNG WOCHE 4: BEOBACHTUNG DES ATEMS

Finden Sie einen bequemen aufrechten Sitz (Sitzpositionen, siehe Seite 34 ff.). Schließen Sie die Augen. Lassen Sie Ihr Gesicht ganz weich werden und entspannen Sie die Schultern. Bringen Sie Ihre Aufmerksamkeit zum Atem. Nehmen Sie ganz bewusst wahr, wie der Atem kommt und wie der Atem geht. Beobachten Sie, wo sich Ihr Körper mit jeder Einatmung weitet. Beobachten Sie jeden Atemzug. Ist der Atemzug lang und tief oder kurz und flach? Versuchen Sie nicht den Atem zu verändern, sondern akzeptieren Sie ihn so wie er ist. Verweilen Sie in der Beobachtung des Atems. Wenn Sie durch störende Gedanken oder Gefühle abgelenkt werden, bringen Sie Ihre Aufmerksamkeit wieder ganz bewusst zurück zum Atem.

**Dauer: 5-10 Minuten**

Entfalten Sie Ihr volles Potential

### PRAXISÜBUNG WOCHE 4: WECHSELATMUNG

1. Setzen Sie sich bequem hin. Sie können eine der Sitzhaltungen der Sitzmeditation wählen (siehe Seite 34 ff.). Die Wirbelsäule ist gerade, die Schultern sind entspannt. Haben Sie ein sanftes Lächeln auf den Lippen.

2. Legen Sie die linke Hand mit der Handfläche nach unten auf Ihr linkes Knie. Wenn es angenehm ist, können Sie zusätzlich eine Mudra, das heißt eine Handstellung, einnehmen. Dafür berühren sich Daumen und Zeigefinger sanft an den Spitzen (Chin Mudra).

3. Beugen Sie den Zeige- und den Mittelfinger der rechten Hand und legen Sie diese auf dem Ballen des rechten Daumens ab. Der Daumen dient dazu, das rechte Nasenloch zu schließen bzw. zu öffnen. Der Ringfinger schließt oder öffnet das linke Nasenloch. Schließen Sie die Augen.

4. Mit dem Daumen schließen Sie das rechte Nasenloch und atmen durch das linke Nasenloch vollständig aus.

5. Atmen Sie durch das linke Nasenloch ein und schließen es dann mit dem Ringfinger. Öffnen Sie das rechte Nasenloch und atmen dort aus.

6. Atmen Sie rechts ein und auf der linken Seite wieder aus. Das ist eine Runde Wechselatmung. Fahren Sie fort.

7. Vollenden Sie mehrere solcher Runden, indem Sie abwechselnd durch die jeweiligen Nasenlöcher atmen. Vergessen Sie nicht, nach jeder Ausatmung wieder durch dasselbe Nasenloch einzuatmen, durch das Sie ausgeatmet haben.

8. Lassen Sie die Ein- und Ausatmung gleich lange dauern. Zählen Sie dafür bis vier mit der Einatmung (Ein: 1-2-3-4) und bis vier mit der Ausatmung (Aus: 1-2-3-4).

9. Wichtig ist, dass Sie die letzte Runde mit der Ausatmung durch das linke Nasenloch beenden. Bleiben Sie nach Beendigung der Übung für ein paar Minuten ruhig mit geschlossenen Augen sitzen und spüren der Übung nach. Atmen Sie normal. Gerne können Sie eine kurze Meditation (siehe Seite 42 f.) anschließen.

**Dauer: Fangen Sie mit acht Runden an und dehnen Sie die Übung mit der Zeit auf 5 Minuten aus.**

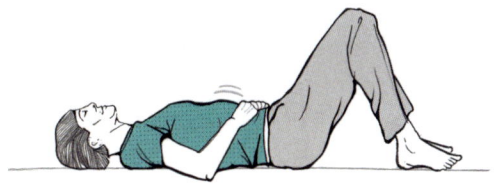

*ALTERNATIV WOCHE 4:*
**BAUCHATMUNG MIT HOCHZIEHEN DES ATEMS IN DEN BRUSTKORB**

1. Legen Sie sich auf den Rücken. Legen Sie eine Hand mit der Handfläche nach unten auf Ihren Brustkorb. Ihre andere Hand legen Sie mit der Handfläche nach unten knapp unter den Bauchnabel.

2. Atmen Sie tief durch die Nase in den Bauch ein und tief aus dem Bauch durch den Mund aus, sodass sich der Unterbauch hebt und

senkt. Wenn Sie flacher atmen, hebt sich nur Ihr Oberkörper.

3. Zählen Sie bei der Einatmung still und leise langsam bis drei (Ein: 1-2-3). Zählen Sie bei der Ausatmung ebenfalls langsam bis drei (Aus: 1-2-3). Wichtig ist, dass die Ein- und Ausatmung stets gleich lange dauern. Erhöhen Sie mit fortschreitender Übung die Zahl für die Ein- und Ausatmung auf sechs.

4. Wer weitergehen will, atmet tief durch die Nase in den Bauch ein und zieht den Atem dann hoch bis in den Brustkorb. Atmen Sie die ersten Male die Luft durch den Mund aus.

5. Dann lassen Sie auch beim Ausatmen den Mund geschlossen und atmen ausschließlich durch die Nase aus. Zuerst atmen Sie die Luft aus dem Brustkorb, dann die Luft aus dem Bauch aus. Achten Sie auch hier darauf, dass die Ein- und Ausatmung gleich lange dauern.

6. Zählen Sie hier bis acht oder zehn bei der Ein- sowie bei der Ausatmung (Ein: 1-5-8/10. Aus: 1-5-8/10).

7. Nach der Übung bleiben Sie ein paar Minuten mit geschlossenen Augen auf dem Rücken liegen und spüren Sie der Übung nach. Atmen Sie normal.

**Dauer: Üben Sie anfangs nur für ein paar Atemzüge. Weiten Sie die Übung dann auf 10-15 Minuten aus.**

_Entfalten Sie Ihr volles Potential_

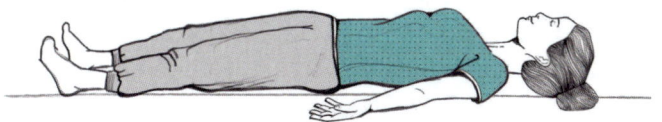

**PRAXISÜBUNG WOCHE 4: KÖRPERSCAN**

1. Lockern Sie Ihre Kleidung, wenn sie eng ist. Ziehen Sie Ihre Schuhe aus.

2. Legen Sie sich auf den Rücken. Benutzen Sie als Unterlage vorzugsweise eine Yogamatte. Schließen Sie sanft die Augen. Kommen Sie an.

3. Spüren Sie, wie Ihr Körper in den Boden sinkt. Nehmen Sie bewusst wahr, wie Ihr Körper den Boden berührt.
Spüren Sie, wie der Atem in und aus dem Körper strömt. Spüren Sie ihn an der Nasenspitze. Lassen Sie sich mit jedem Atemzug tiefer in den Boden sinken.

4. Bringen Sie Ihre Aufmerksamkeit jetzt zur Bauchdecke. Nehmen Sie bewusst wahr, wie der Bauch sich mit jeder Einatmung hebt und wie er sich mit jeder Ausatmung senkt.

5. Bringen Sie Ihre Aufmerksamkeit nun zu den Zehen. Wie fühlen sich die Zehen an? Spüren Sie etwas?
Schicken Sie jetzt Ihren Atem hinab bis in die Zehen. Atmen Sie in die Zehen hinein und lassen Sie mit jeder Ausatmung alle Anspannung in den Zehen los. Sagen Sie innerlich: ***„Zehen entspannt."*** Lassen Sie los.

6. Dehnen Sie sodann Ihre Aufmerksamkeit auf die Füße aus. Konzentrieren Sie sich dabei auf die Ballen, die Fersen, die Knöchel, die Seiten und die oberen Teile der Füße. Atmen Sie in die gesamten Füße hinein und lassen Sie mit jeder Ausatmung alle Anspannung in

den Füßen los. Sagen Sie innerlich: *„Füße entspannt."* Lassen Sie los.

7. Gehen Sie auf diese Art und Weise durch die Beine (Unterschenkel, Knie, Oberschenkel), Becken, Hüften, Gesäß und von dort durch die übrigen Körperteile, einschließlich Brust, Rücken, Schultern, Arme und Hände. Es gibt nichts, an dem Sie festhalten müssen. Weiter geht es mit dem Hals, Nacken, Gesicht (lassen Sie dieses ganz weich werden), Stirn, Kiefer, Mund und Augenlider bis zum Scheitel. Gehen Sie auch durch die inneren Organe.

8. Spüren Sie in Ihren Körper als Ganzes hinein. Lassen Sie den Atem ganz sanft und lautlos werden. Sollte irgendein Teil Ihres Körpers noch angespannt sein, konzentrieren Sie sich auf diesen Teil und atmen Sie dort hinein. Wenn Sie ausatmen, stellen Sie sich vor, wie jede verbleibende Spannung aus Ihrem Körper fließt.

9. Bleiben Sie noch ein paar Minuten ruhig liegen. Spüren Sie der Übung nach. Dann fangen Sie an, den Atem wieder zu vertiefen. Atmen Sie tief ein und aus. Bewegen Sie Ihre Hände und Füße. Erst dann öffnen Sie die Augen.

**Dauer: 10 Minuten**

**INTEGRATION VON ACHTSAMKEIT IN DEN ALLTAG WOCHE 4: ACHTSAMES ATMEN**

Nutzen Sie die Achtsame Atmung im Alltag.

Atmen Sie ein paar Mal bewusst tief ein und tief aus, wenn Sie Stress haben. Wenn Sie angespannt sind ist es wichtig, dass die Ausatmung länger ist als die Einatmung. Beim Einatmen bis drei zählen (Ein: 1-2-3). Beim Ausatmen bis sechs zählen (Aus: 1-2-3-4-5-6).

_Entfalten Sie Ihr volles Potential_

## DER ACHTSAME ANWALT WOCHE 5

**FOKUS:**
Konzentration, Ausdauer, Gleichgewicht

**PRAXISÜBUNGEN:**
- *Suchen Sie sich einen ruhigen Platz, an dem Sie nicht gestört werden.*
- *Dehnen, recken und strecken Sie sich für ein paar Minuten, bevor Sie mit den Praxisübungen beginnen.*
- *Formulieren Sie Ihre Intention für Ihre Praxis.*
- *Stellen Sie sich einen Timer.*

1. Wechselatmung, 5 Minuten oder Bauchatmung mit Hochziehen des Atems in den Brustkorb, 10-15 Minuten.
2. Stehende Haltung „Baum", jede Seite mindestens 5 Atemzüge. Praktizieren Sie diese Übung 2 Mal pro Seite.
3. Sitzmeditation, 15 Minuten.

**INTEGRATION VON ACHTSAMKEIT IN DEN ALLTAG:**
Sehen Sie eine Aufgabe mit anderen Augen, 5 Minuten.

## Entfalten Sie Ihr volles Potential

**THEMENGEBIETE:**
„Konzentration steigern", siehe Seite 82 f., „Durchsetzungsvermögen entwickeln", siehe Seite 84 ff., „Achtsamkeit im Arbeitsalltag", s. S. 57 f.

### PRAXISÜBUNG WOCHE 5: WECHSELATMUNG

1. Setzen Sie sich bequem hin. Sie können eine der Sitzhaltungen der Sitzmeditation wählen (siehe Seite 34 ff.). Die Wirbelsäule ist gerade, die Schultern sind entspannt. Haben Sie ein sanftes Lächeln auf den Lippen.

2. Legen Sie die linke Hand mit der Handfläche nach unten auf Ihr linkes Knie. Wenn es angenehm ist, können Sie zusätzlich eine Mudra, das heißt eine Handstellung, einnehmen. Dafür berühren sich Daumen und Zeigefinger sanft an den Spitzen (Chin Mudra).

3. Beugen Sie den Zeige- und den Mittelfinger der rechten Hand und legen Sie diese auf dem Ballen des rechten Daumens ab. Der Daumen dient dazu, das rechte Nasenloch zu schließen bzw. zu öffnen.   Der Ringfinger schließt oder öffnet das linke Nasenloch. Schließen Sie die Augen.

4. Mit dem Daumen schließen Sie das rechte Nasenloch und atmen durch das linke Nasenloch vollständig aus.

5. Atmen Sie durch das linke Nasenloch ein und schließen es dann mit dem Ringfinger. Öffnen Sie das rechte Nasenloch und atmen dort aus.

6. Atmen Sie rechts ein und auf der linken Seite wieder aus. Das ist eine Runde Wechselatmung. Fahren Sie fort.

7. Vollenden Sie mehrere solcher Runden, indem Sie abwechselnd durch die jeweiligen Nasenlöcher atmen. Vergessen Sie nicht, nach jeder Ausatmung wieder durch dasselbe Nasenloch einzuatmen, durch das Sie ausgeatmet haben.

8. Lassen Sie die Ein- und Ausatmung gleich lange dauern. Zählen Sie dafür bis vier mit der Einatmung (Ein: 1-2-3-4) und bis vier mit der Ausatmung (Aus: 1-2-3-4).

9. Wichtig ist, dass Sie die letzte Runde mit der Ausatmung durch das linke Nasenloch beenden. Bleiben Sie nach Beendigung der Übung für ein paar Minuten ruhig mit geschlossenen Augen sitzen und spüren der Übung nach. Atmen Sie normal. Gerne können Sie eine kurze Meditation (siehe Seite 42 f.) anschließen.

**Dauer: Fangen Sie mit acht Runden an und dehnen Sie die Übung mit der Zeit auf 5 Minuten aus.**

Entfalten Sie Ihr volles Potential

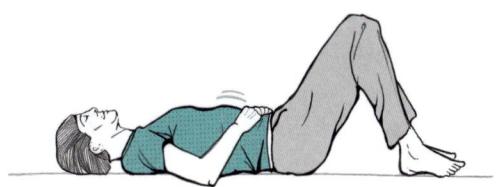

*ALTERNATIV WOCHE 5:*
**BAUCHATMUNG MIT HOCHZIEHEN DES ATEMS IN DEN BRUSTKORB**

1. Legen Sie sich auf den Rücken. Legen Sie eine Hand mit der Handfläche nach unten auf Ihren Brustkorb. Ihre andere Hand legen Sie mit der Handfläche nach unten knapp unter den Bauchnabel.

2. Atmen Sie tief durch die Nase in den Bauch ein und tief aus dem Bauch durch den Mund aus, sodass sich der Unterbauch hebt und senkt. Wenn Sie flacher atmen, hebt sich nur Ihr Oberkörper.

3. Zählen Sie bei der Einatmung still und leise langsam bis drei (Ein: 1-2-3). Zählen Sie bei der Ausatmung ebenfalls langsam bis drei (Aus: 1-2-3). Wichtig ist, dass die Ein- und Ausatmung stets gleich lange dauern. Erhöhen Sie mit fortschreitender Übung die Zahl für die Ein- und Ausatmung auf sechs.

4. Wer weitergehen will, atmet tief durch die Nase in den Bauch ein und zieht den Atem dann hoch bis in den Brustkorb. Atmen Sie die ersten Male die Luft durch den Mund aus.

5. Dann lassen Sie auch beim Ausatmen den Mund geschlossen und atmen ausschließlich durch die Nase aus. Zuerst atmen Sie die Luft aus dem Brustkorb, dann die Luft aus dem Bauch aus. Achten Sie auch hier darauf, dass die Ein- und Ausatmung gleich lange dauern.

6. Zählen Sie hier bis acht oder zehn bei der Ein- sowie bei der Ausatmung (Ein: 1-5-8/10. Aus: 1-5-8/10).

7. Nach der Übung bleiben Sie ein paar Minuten mit geschlossenen Augen auf dem Rücken liegen und spüren Sie der Übung nach. Atmen Sie normal.

**Dauer: Üben Sie anfangs nur für ein paar Atemzüge. Weiten Sie die Übung dann auf 10-15 Minuten aus.**

Entfalten Sie Ihr volles Potential

### PRAXISÜBUNG WOCHE 5: STEHENDE HALTUNG „BAUM"

Üben Sie auf einer Yogamatte. Stellen Sie sich an den Anfang oder in die Mitte der Matte. Die Füße stehen hüftbreit auseinander. Die Fußsohlen pressen fest in den Boden.

1. Verlagern Sie das Gewicht auf das linke Bein. Stellen Sie sich vor, dass Ihr linkes Bein fest mit dem Boden verwurzelt ist. Aus Ihren Fußsohlen wachsen Wurzeln in den Boden. Spüren Sie diese Verbundenheit mit der Erde.

2. Heben Sie mit einer Einatmung den rechten Fuß auf Höhe des linken Knöchels (für Anfänger).

3. Pressen Sie mit der Ausatmung die rechte Ferse gegen den linken Knöchel.

4. Fortgeschrittene ziehen das rechte Knie mit der Einatmung zu sich heran und stellen den rechten Fuß etwas oberhalb vom linken Knie ab. Drehen Sie das rechte Bein sanft im Hüftgelenk nach außen. Je kontrollierter Sie die Fußsohle des rechten Fußes gegen die Innenseite des linken Oberschenkels pressen, desto stabiler stehen Sie.

5. Bringen Sie die Hände vor der Brust zusammen. Die Handflächen pressen sanft gegeneinander. Die Schultern sind entspannt.

6. Wer weitergehen will, hebt die Hände mit einer Einatmung nach oben. Dabei bleiben die Handflächen zusammen.

7. Fixieren Sie einen Punkt vor Ihnen. So fällt es leichter, die Balance zu halten.

Stellen Sie sich vor, wie Sie mit jeder Einatmung nach oben wachsen und mit jeder Ausatmung noch mehr im Boden verwurzeln.

8. Nach mindestens 5 Atemzügen in der Position lösen Sie die Haltung wie folgt: Wenn Sie die Hände gehoben haben, bringen Sie diese mit den Handflächen zusammen zurück vor Ihre Brust. Bringen Sie Ihr Knie von der Seite zurück nach vorne und ziehen es mit beiden Händen kurz zu sich heran. Dann bringen Sie das Bein zum Boden, so dass beide Beine wieder nebeneinanderstehen. Lassen Sie die Arme links und rechts vom Körper nach unten hängen.

9. Wiederholen Sie die Übung auf der anderen Seite.

**Dauer:   Auf jeder Seite mindestens 5 Atemzüge. Diese Übung sollte man zweimal pro Seite praktizieren.**

### Entfalten Sie Ihr volles Potential

### PRAXISÜBUNG WOCHE 5: SITZMEDITATION

1. Der erste Schritt ist, sich seines Atems bewusst zu werden. Dafür legen Sie sich entspannt auf den Rücken. Schließen Sie die Augen. Atmen Sie durch die Nase und spüren Sie, wie Ihr Atem in den Körper und aus dem Körper strömt. Nehmen Sie wahr, wie sich der Bauch mit jeder Einatmung hebt und wie er sich mit jeder Ausatmung senkt. Kontrollieren und verändern Sie den Atem nicht.

2. Setzen Sie sich nun auf, in eine bequeme, aufrechte Position (Sitzpositionen, siehe Seite 34 ff.). Sie können sich auf einen Stuhl setzen oder auf den Boden. Wichtig ist, dass die Wirbelsäule gerade ist. Legen Sie die Handflächen auf den Knien ab. Entspannen Sie Ihr Gesicht. Sitzen Sie still mit geschlossenen Augen und atmen Sie bewusst. Lassen Sie den Atem fließen. Nehmen Sie wahr, wie der Atem in und aus dem Körper strömt.

3. Um die Konzentration auf dem Atem zu halten, sagen Sie sich nun innerlich mit der Einatmung *„Lass"* und mit der Ausatmung *„Los"* (Mantra aus dem Jivamukti Yoga). Alternativ zählen Sie beim Einatmen: 1-2-3-4 und beim Ausatmen: 1-2-3-4.

Wenn störende Gedanken, körperliche Empfindungen und Emotionen auftauchen, nehmen Sie diese wahr und lassen Sie sie gehen (so wie die Wolken am Himmel). Bringen Sie Ihre Aufmerksamkeit zurück zu Ihrem Atem.

4. Direkt im Anschluss daran, legen Sie sich für ein paar Minuten mit geschlossenen Augen flach auf den Rücken und spüren der Übung nach. Entspannen Sie sich.

**Dauer: 15 Minuten**

## INTEGRATION VON ACHTSAMKEIT IN DEN ALLTAG WOCHE 5: SEHEN SIE EINE AUFGABE MIT ANDEREN AUGEN

Sehen Sie die Aufgabe, an der Sie arbeiten mit anderen Augen.

Visualisieren Sie eine weiße Tafel oder ein weißes Board und halten Sie Ihre Konzentration darauf. Dies hilft Ihnen, aus Ihren Gedanken auszusteigen und wieder unvoreingenommen an eine Aufgabe heranzugehen.

**Dauer: 5 Minuten**

Entfalten Sie Ihr volles Potential

## DER ACHTSAME ANWALT WOCHE 6

**FOKUS:**
Perspektive ändern, die Welt mit anderen Augen sehen, Glück tanken.

**PRAXISÜBUNGEN:**
- *Suchen Sie sich einen ruhigen Platz, an dem Sie nicht gestört werden.*
- *Dehnen, recken und strecken Sie sich für ein paar Minuten, bevor Sie mit den Praxisübungen beginnen.*
- *Formulieren Sie Ihre Intention für Ihre Praxis.*
- *Stellen Sie sich einen Timer.*

1. Wechselatmung, 5 Minuten oder Bauchatmung mit Hochziehen des Atems in den Brustkorb, 10-15 Minuten.
2. Schulterstand oder die Umkehrhaltung an der Wand, 5 Minuten.
3. Sitzmeditation, 20 Minuten.

**INTEGRATION VON ACHTSAMKEIT IN DEN ALLTAG:**
Sammeln Sie Glücksmomente, 5 Minuten.

TRAININGSPLAN

**THEMENGEBIETE:**

„Freude und Erfüllung finden im Beruf: Der Weg zum Glück", siehe Seite 61 ff., „Achtsamkeit als Erfolgsfaktor: Umsetzung von Achtsamkeit für den beruflichen Erfolg", siehe Seite 69 ff., „Burn-out vorbeugen", siehe Seite 123 ff., „Lernen Sie, Ihrer inneren Stimme zu folgen – der Kraft des Unterbewusstseins", siehe Seite 142.

**PRAXISÜBUNG WOCHE 6: WECHSELATMUNG**

1. Setzen Sie sich bequem hin. Sie können eine der Sitzhaltungen der Sitzmeditation wählen (siehe Seite 34 ff.). Die Wirbelsäule ist gerade, die Schultern sind entspannt. Haben Sie ein sanftes Lächeln auf den Lippen.

2. Legen Sie die linke Hand mit der Handfläche nach unten auf Ihr linkes Knie. Wenn es angenehm ist, können Sie zusätzlich eine Mudra, das heißt eine Handstellung, einnehmen. Dafür berühren sich Daumen und Zeigefinger sanft an den Spitzen (Chin Mudra).

3. Beugen Sie den Zeige- und den Mittelfinger der rechten Hand und legen Sie diese auf dem Ballen des rechten Daumens ab. Der Daumen dient dazu, das rechte Nasenloch zu schließen bzw. zu öffnen. Der Ringfinger schließt oder öffnet das linke Nasenloch. Schließen Sie die Augen.

### Entfalten Sie Ihr volles Potential

4. Mit dem Daumen schließen Sie das rechte Nasenloch und atmen durch das linke Nasenloch vollständig aus.

5. Atmen Sie durch das linke Nasenloch ein und schließen es dann mit dem Ringfinger. Öffnen Sie das rechte Nasenloch und atmen dort aus.

6. Atmen Sie rechts ein und auf der linken Seite wieder aus. Das ist eine Runde Wechselatmung. Fahren Sie fort.

7. Vollenden Sie mehrere solcher Runden, indem Sie abwechselnd durch die jeweiligen Nasenlöcher atmen. Vergessen Sie nicht, nach jeder Ausatmung wieder durch dasselbe Nasenloch einzuatmen, durch das Sie ausgeatmet haben.

8. Lassen Sie die Ein- und Ausatmung gleich lange dauern. Zählen Sie dafür bis vier mit der Einatmung (Ein: 1-2-3-4) und bis vier mit der Ausatmung (Aus: 1-2-3-4).

9. Wichtig ist, dass Sie die letzte Runde mit der Ausatmung durch das linke Nasenloch beenden. Bleiben Sie nach Beendigung der Übung für ein paar Minuten ruhig mit geschlossenen Augen sitzen und spüren der Übung nach. Atmen Sie normal. Gerne können Sie eine kurze Meditation (siehe Seite 42 f.) anschließen.

**Dauer: Fangen Sie mit acht Runden an und dehnen Sie die Praxis mit der Zeit auf 5 Minuten aus.**

*ALTERNATIV WOCHE 6:*
**BAUCHATMUNG MIT HOCHZIEHEN DES ATEMS IN DEN BRUSTKORB**

1. Legen Sie sich auf den Rücken. Legen Sie eine Hand mit der Handfläche nach unten auf Ihren Brustkorb. Ihre andere Hand legen Sie mit der Handfläche nach unten knapp unter den Bauchnabel.

2. Atmen Sie tief durch die Nase in den Bauch ein und tief aus dem Bauch durch den Mund aus, sodass sich der Unterbauch hebt und senkt. Wenn Sie flacher atmen, hebt sich nur Ihr Oberkörper.

3. Zählen Sie bei der Einatmung still und leise langsam bis drei (Ein: 1-2-3). Zählen Sie bei der Ausatmung ebenfalls langsam bis drei (Aus: 1-2-3). Wichtig ist, dass die Ein- und Ausatmung stets gleich lange dauern. Erhöhen Sie mit fortschreitender Übung die Zahl für die Ein- und die Ausatmung auf sechs.

4. Wer weitergehen will, atmet tief durch die Nase in den Bauch ein und zieht den Atem dann hoch bis in den Brustkorb. Atmen Sie die ersten Male die Luft durch den Mund aus.

5. Dann lassen Sie auch beim Ausatmen den Mund geschlossen und atmen ausschließlich durch die Nase aus. Zuerst atmen Sie die Luft aus dem Brustkorb, dann die Luft aus dem Bauch aus. Achten Sie auch hier darauf, dass die Ein- und Ausatmung gleich lange dauern.

6. Zählen Sie hier bis acht oder zehn bei der Ein- sowie bei der Ausatmung (Ein: 1-5-8/10. Aus: 1-5-8/10).

7. Nach der Übung bleiben Sie ein paar Minuten mit geschlossenen Augen auf dem Rücken liegen und spüren Sie der Übung nach. Atmen Sie normal.

**Dauer: Üben Sie anfangs nur für ein paar Atemzüge. Weiten Sie die Übung dann auf 10-15 Minuten aus.**

### PRAXISÜBUNG WOCHE 6: SCHULTERSTAND (KERZE)

1. Es wird empfohlen, eine Wolldecke als Unterlage zu verwenden. Falten Sie dafür die Decke drei Mal, sodass ein Rechteck entsteht. Legen Sie sich auf den Rücken. Legen Sie sich so auf die Decke, dass Ihre Schultern mit dem langen Rand der Decke abschließen. Ihr Kopf ist auf dem Boden. Ihr Nacken ist frei. Die Arme liegen eng neben dem Körper, die Handflächen pressen in den Boden.

2. Mit der Einatmung bringen Sie nun Ihre Knie auf die Stirn.

**(Drehen Sie niemals den Kopf in dieser Position und auch nicht in der vollen Stellung).**

3. Wenn dies angenehm ist, bringen Sie die Füße hinter dem Kopf zum Boden.

4. Bringen Sie mit der Ausatmung die Hände mit den Fingern nach oben an den unteren Rücken.

5. Mit der nächsten Einatmung schwingen Sie die Beine nach oben, um in die volle Stellung zu kommen. Schauen Sie zum Bauchnabel.

6. Nach 30 bis 60 Sekunden geben Sie mit einer Ausatmung langsam und kontrolliert die Stellung auf, indem Sie die Knie zuerst zur Stirn bringen, dann Handflächen und Unterarme hinter dem Rücken in den Boden pressen und Wirbel für Wirbel aus der Stellung rollen. Oberkörper und Kopf bleiben am Boden. Die Füße berühren als letztes den Boden.

7. Wenn Sie aus der Stellung gekommen sind, bleiben Sie kurz ruhig auf dem Rücken liegen und spüren der Übung nach.

**Dauer: 5 Minuten**

*ALTERNATIV WOCHE 6:* **UMKEHRHALTUNG AN DER WAND**

1. Falten Sie dafür eine Wolldecke drei Mal, sodass ein Rechteck entsteht. Legen Sie die Decke dicht an die Wand.

2. Setzen Sie sich mit dem Gesäß seitlich auf die Decke, sodass Sie mit dem rechten Arm die Wand berühren.

3. Drehen Sie sich nun so auf den Rücken, dass Sie die Beine senkrecht an der Wand hochstrecken können. Bringen Sie das Gesäß so nah wie möglich an die Wand. Legen Sie die Arme entspannt neben den Körper. **Drehen Sie niemals den Kopf in dieser Stellung.** Halten Sie die Stellung für 5 Minuten.

4. Um aus der Stellung zu kommen, winkeln Sie die Beine an und rollen Sie sich auf eine Seite. Bleiben Sie dort für ein paar Atemzüge.

**Dauer: 5 Minuten**

# Entfalten Sie Ihr volles Potential

## PRAXISÜBUNG WOCHE 6: SITZMEDITATION

1. Der erste Schritt ist, sich seines Atems bewusst zu werden. Dafür legen Sie sich entspannt auf den Rücken. Schließen Sie die Augen. Atmen Sie durch die Nase und spüren Sie, wie Ihr Atem in den Körper und aus dem Körper strömt. Nehmen Sie wahr, wie sich der Bauch mit jeder Einatmung hebt und wie er sich mit jeder Ausatmung senkt. Kontrollieren und verändern Sie den Atem nicht.

2. Setzen Sie sich nun auf, in eine bequeme, aufrechte Position (Sitzpositionen, siehe Seite 34 ff.). Sie können sich auf einen Stuhl setzen oder auf den Boden. Wichtig ist, dass die Wirbelsäule gerade ist. Legen Sie die Handflächen auf den Knien ab. Entspannen Sie Ihr Gesicht. Sitzen Sie still mit geschlossenen Augen und atmen Sie bewusst. Lassen Sie den Atem fließen. Nehmen Sie wahr, wie der Atem in und aus dem Körper strömt.

3. Um die Konzentration auf dem Atem zu halten, sagen Sie sich nun innerlich mit der Einatmung *„Lass"* und mit der Ausatmung *„Los"* (Mantra aus dem Jivamukti Yoga). Alternativ zählen Sie beim Einatmen: 1-2-3-4 und beim Ausatmen: 1-2-3-4.

Wenn störende Gedanken, körperliche Empfindungen und Emotionen auftauchen, nehmen Sie diese wahr und lassen Sie sie gehen (so wie die Wolken am Himmel). Bringen Sie Ihre Aufmerksamkeit zurück zu Ihrem Atem.

4. Direkt im Anschluss daran, legen Sie sich für ein paar Minuten mit geschlossenen Augen flach auf den Rücken und spüren der Übung nach. Entspannen Sie sich.

**Dauer: 20 Minuten**

### INTEGRATION VON ACHTSAMKEIT IN DEN ALLTAG WOCHE 6: SAMMELN SIE GLÜCKSMOMENTE

Jedes Mal, wenn Sie glücklich sind, genießen Sie diesen Augenblick ganz bewusst.

Nehmen Sie sich zusätzlich abends etwas Zeit und benennen Sie die Dinge, die Sie während des Tages glücklich gemacht haben. Verweilen Sie für ein paar Minuten in dem guten Gefühl, was dadurch ausgelöst wird. So verinnerlichen Sie Ihre Erfahrung.

**Dauer: 5 Minuten**

## DER ACHTSAME ANWALT WOCHE 7

**FOKUS:**

Entscheidungen bewusst treffen

**PRAXISÜBUNGEN:**
- *Suchen Sie sich einen ruhigen Platz, an dem Sie nicht gestört werden.*
- *Dehnen, recken und strecken Sie sich für ein paar Minuten, bevor Sie mit den Praxisübungen beginnen.*
- *Formulieren Sie Ihre Intention für Ihre Praxis.*
- *Stellen Sie sich einen Timer.*

1. Wechselatmung, 5 Minuten oder Bauchatmung mit Hochziehen des Atems in den Brustkorb, 10-15 Minuten.
2. Sitzmeditation, 25 Minuten.
3. Übung: Achtsame Pause

**INTEGRATION VON ACHTSAMKEIT IN DEN ALLTAG:**
**Achtsam Essen.**

## Entfalten Sie Ihr volles Potential

**THEMENGEBIETE:**

„Achtsame Pause – Treffen Sie Entscheidungen ganz bewusst", siehe Seite 74 f., evtl. „Die richtige Jobwahl: Finden Sie Ihre Bestimmung – finden Sie Ihre Leidenschaft", siehe Seite 139 f.

### PRAXISÜBUNG WOCHE 7: WECHSELATMUNG

1. Setzen Sie sich bequem hin. Sie können eine der Sitzhaltungen der Sitzmeditation wählen (siehe Seite 34 ff.). Die Wirbelsäule ist gerade, die Schultern sind entspannt. Haben Sie ein sanftes Lächeln auf den Lippen.

2. Legen Sie die linke Hand mit der Handfläche nach unten auf Ihr linkes Knie. Wenn es angenehm ist, können Sie zusätzlich eine Mudra, das heißt eine Handstellung, einnehmen. Dafür berühren sich Daumen und Zeigefinger sanft an den Spitzen (Chin Mudra).

3. Beugen Sie den Zeige- und den Mittelfinger der rechten Hand und legen Sie diese auf dem Ballen des rechten Daumens ab. Der Daumen dient dazu, das rechte Nasenloch zu schließen bzw. zu öffnen. Der Ringfinger schließt oder öffnet das linke Nasenloch. Schließen Sie die Augen.

4. Mit dem Daumen schließen Sie das rechte Nasenloch und atmen durch das linke Nasenloch vollständig aus.

5. Atmen Sie durch das linke Nasenloch ein und schließen es dann mit dem Ringfinger. Öffnen Sie das rechte Nasenloch und atmen dort aus.

6. Atmen Sie rechts ein und auf der linken Seite wieder aus. Das ist eine Runde Wechselatmung. Fahren Sie fort.

7. Vollenden Sie mehrere solcher Runden, indem Sie abwechselnd durch die jeweiligen Nasenlöcher atmen. Vergessen Sie nicht, nach jeder Ausatmung wieder durch dasselbe Nasenloch einzuatmen, durch das Sie ausgeatmet haben.

8. Lassen Sie die Ein- und Ausatmung gleich lange dauern. Zählen Sie dafür bis vier mit der Einatmung (Ein: 1-2-3-4) und bis vier mit der Ausatmung (Aus: 1-2-3-4).

9. Wichtig ist, dass Sie die letzte Runde mit der Ausatmung durch das linke Nasenloch beenden. Bleiben Sie nach Beendigung der Übung für ein paar Minuten ruhig mit geschlossenen Augen sitzen und spüren der Übung nach. Atmen Sie normal. Gerne können Sie eine kurze Meditation (siehe Seite 42 f.) anschließen.

**Dauer: Fangen Sie mit acht Runden an und dehnen Sie die Übung mit der Zeit auf 5 Minuten aus.**

Entfalten Sie Ihr volles Potential

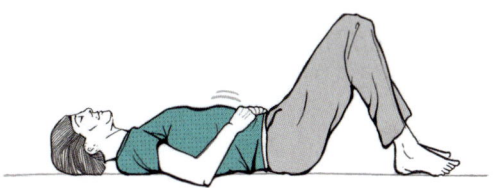

*ALTERNATIV WOCHE 7*:
**BAUCHATMUNG MIT HOCHZIEHEN DES ATEMS IN DEN BRUSTKORB**

1. Legen Sie sich auf den Rücken. Legen Sie eine Hand mit der Handfläche nach unten auf Ihren Brustkorb. Ihre andere Hand legen Sie mit der Handfläche nach unten knapp unter den Bauchnabel.

2. Atmen Sie tief durch die Nase in den Bauch ein und tief aus dem Bauch durch den Mund aus, sodass sich der Unterbauch hebt und senkt. Wenn Sie flacher atmen, hebt sich nur Ihr Oberkörper.

3. Zählen Sie bei der Einatmung still und leise langsam bis drei (Ein: 1-2-3). Zählen Sie bei der Ausatmung ebenfalls langsam bis drei (Aus: 1-2-3). Wichtig ist, dass die Ein- und Ausatmung stets gleich lange dauern. Erhöhen Sie mit fortschreitender Übung die Zahl für die Ein- und die Ausatmung auf sechs.

4. Wer weitergehen will, atmet tief durch die Nase in den Bauch ein und zieht den Atem dann hoch bis in den Brustkorb. Atmen Sie die ersten Male die Luft durch den Mund aus.

5. Dann lassen Sie auch beim Ausatmen den Mund geschlossen und atmen ausschließlich durch die Nase aus. Zuerst atmen Sie die Luft aus dem Brustkorb, dann die Luft aus dem Bauch aus. Achten Sie auch hier darauf, dass die Ein- und Ausatmung gleich lange dauern.

6. Zählen Sie hier bis acht oder zehn bei der Ein- sowie bei der Ausatmung (Ein: 1-5-8/10. Aus: 1-5-8/10).

7. Nach der Übung bleiben Sie ein paar Minuten mit geschlossenen Augen auf dem Rücken liegen und spüren Sie der Übung nach. Atmen Sie normal.

**Dauer: Üben Sie anfangs nur für ein paar Atemzüge. Weiten Sie die Übung dann auf 10-15 Minuten aus.**

### PRAXISÜBUNG WOCHE 7: SITZMEDITATION

1. Der erste Schritt ist, sich seines Atems bewusst zu werden. Dafür legen Sie sich entspannt auf den Rücken. Schließen Sie die Augen. Atmen Sie durch die Nase und spüren Sie, wie Ihr Atem in den Körper und aus dem Körper strömt. Nehmen Sie wahr, wie sich der Bauch mit jeder Einatmung hebt und wie er sich mit jeder Ausatmung senkt. Kontrollieren und verändern Sie den Atem nicht.

2. Setzen Sie sich nun auf, in eine bequeme, aufrechte Position (Sitzpositionen, siehe Seite 34 ff.). Sie können sich auf einen Stuhl setzen oder auf den Boden. Wichtig ist, dass die Wirbelsäule gerade ist. Legen Sie die Handflächen auf den Knien ab. Entspannen Sie Ihr Gesicht. Sitzen Sie still mit geschlossenen Augen und atmen Sie

bewusst. Lassen Sie den Atem fließen. Nehmen Sie wahr, wie der Atem in und aus dem Körper strömt.

3. Um die Konzentration auf dem Atem zu halten, sagen Sie sich nun innerlich mit der Einatmung *„Lass"* und mit der Ausatmung *„Los"* (Mantra aus dem Jivamukti Yoga). Alternativ zählen Sie beim Einatmen: 1-2-3-4 und beim Ausatmen: 1-2-3-4.

Wenn störende Gedanken, körperliche Empfindungen und Emotionen auftauchen, nehmen Sie diese wahr und lassen Sie sie gehen (so wie die Wolken am Himmel). Bringen Sie Ihre Aufmerksamkeit zurück zu Ihrem Atem.

4. Direkt im Anschluss daran, legen Sie sich für ein paar Minuten mit geschlossenen Augen flach auf den Rücken und spüren der Übung nach. Entspannen Sie sich.

**Dauer: 25 Minuten**

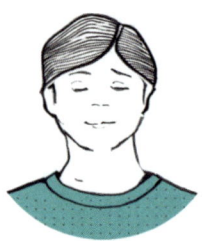

## PRAXISÜBUNG WOCHE 7: ACHTSAME PAUSE

1. Unterbrechen Sie Ihre augenblickliche Tätigkeit. Halten Sie inne.

2. Atmen Sie mehrmals tief durch.

3. Konzentrieren Sie sich auf Ihren Körper. Welche Empfindungen, Gefühle und Gedanken sendet er Ihnen?

4. Erkennen Sie die momentane Situation, so wie sie ist.

5. Überlegen Sie, ob Ihre letzten Gedanken und Empfindungen für Sie oder die Lösung des Problems zielführend waren. Wenn nein, dann fangen Sie ganz neu an, über das Problem nachzudenken.

6. Mit neuen klaren Gedanken, neuen Vorgaben und anderen Schritten finden Sie direkt zum Ziel.

7. Starten Sie!

## INTEGRATION VON ACHTSAMKEIT IN DEN ALLTAG WOCHE 7: ACHTSAM ESSEN

Diese Übung praktizieren Sie am besten entweder alleine oder in Gesellschaft von Menschen, die ebenfalls achtsam essen (trinken).

Essen Sie, wenn Sie essen. Anstatt über Vergangenes nachzudenken und zu überlegen, was Sie noch hätten tun können, um den Fall doch noch zu gewinnen, oder an anstehende Telefonate zu denken, nehmen Sie jeden Bissen ganz bewusst wahr. Schauen Sie das Essen an. Riechen Sie das Essen. Schmecken Sie das Essen und seine Zutaten ganz bewusst. Nehmen Sie wahr, wie gut das Essen schmeckt und wie Sie mit jedem Bissen satter und zufriedener werden.

Für diese Übung kann das **Konzept des „Anfängergeistes"** hilfreich sein: Tun Sie so, als ob Sie das erste Mal etwas Bestimmtes, zum Beispiel eine Mandarinenspalte, essen. Essen Sie mit der Neugier eines kleinen Kindes. Widmen Sie Ihre ganze Aufmerksamkeit dem Essen. Um das Konzept zu veranschaulichen, verweise ich auf die Weinprobe.

Entfalten Sie Ihr volles Potential

## DER ACHTSAME ANWALT WOCHE 8

**FOKUS:**
Mitgefühl für sich selbst und andere entwickeln

**PRAXISÜBUNGEN:**
- *Suchen Sie sich einen ruhigen Platz, an dem Sie nicht gestört werden.*
- *Dehnen, recken und strecken Sie sich für ein paar Minuten, bevor Sie mit den Praxisübungen beginnen.*
- *Formulieren Sie Ihre Intention für Ihre Praxis.*
- *Stellen Sie sich einen Timer.*

1. Wechselatmung, 5 Minuten oder Bauchatmung mit Hochziehen des Atems in den Brustkorb, 10-15 Minuten.
2. Liebe-Güte-Meditation, 15 Minuten.
3. Sitzmeditation, 30 Minuten.

**INTEGRATION VON ACHTSAMKEIT IN DEN ALLTAG:**
Führen Sie eine Handlung/Tätigkeit Ihrer Wahl achtsam aus.

**THEMENGEBIETE:**

„Emotionale Intelligenz und Empathie entwickeln", siehe Seite 99 ff., „Das Verhältnis zu Mandanten bzw. Kunden, Kollegen und Vorgesetzten verbessern", siehe Seite 91 f., „Wie Menschen in stressigen Berufen wie Juristen mit schwierigen Mandanten bzw. Kunden besser umgehen", siehe Seite 93 ff., „Erfolgreiche Akquisitionen", siehe Seite 96.

**PRAXISÜBUNG WOCHE 8: WECHSELATMUNG**

1. Setzen Sie sich bequem hin. Sie können eine der Sitzhaltungen der Sitzmeditation wählen (siehe Seite 34 ff.). Die Wirbelsäule ist gerade, die Schultern sind entspannt. Haben Sie ein sanftes Lächeln auf den Lippen.

2. Legen Sie die linke Hand mit der Handfläche nach unten auf Ihr linkes Knie. Wenn es angenehm ist, können Sie zusätzlich eine Mudra, das heißt eine Handstellung, einnehmen. Dafür berühren sich Daumen und Zeigefinger sanft an den Spitzen (Chin Mudra).

3. Beugen Sie den Zeige- und den Mittelfinger der rechten Hand und legen Sie diese auf dem Ballen des rechten Daumens ab. Der Daumen dient dazu, das rechte Nasenloch zu schließen bzw. zu öffnen. Der Ringfinger schließt oder öffnet das linke Nasenloch. Schließen Sie die Augen.

## Entfalten Sie Ihr volles Potential

4. Mit dem Daumen schließen Sie das rechte Nasenloch und atmen durch das linke Nasenloch vollständig aus.

5. Atmen Sie durch das linke Nasenloch ein und schließen es dann mit dem Ringfinger. Öffnen Sie das rechte Nasenloch und atmen dort aus.

6. Atmen Sie rechts ein und auf der linken Seite wieder aus. Das ist eine Runde Wechselatmung. Fahren Sie fort.

7. Vollenden Sie mehrere solcher Runden, indem Sie abwechselnd durch die jeweiligen Nasenlöcher atmen. Vergessen Sie nicht, nach jeder Ausatmung wieder durch dasselbe Nasenloch einzuatmen, durch das Sie ausgeatmet haben.

8. Lassen Sie die Ein- und Ausatmung gleich lange dauern. Zählen Sie dafür bis vier mit der Einatmung (Ein: 1-2-3-4) und bis vier mit der Ausatmung (Aus: 1-2-3-4).

9. Wichtig ist, dass Sie die letzte Runde mit der Ausatmung durch das linke Nasenloch beenden. Bleiben Sie nach Beendigung der Übung für ein paar Minuten ruhig mit geschlossenen Augen sitzen und spüren der Übung nach. Atmen Sie normal. Gerne können Sie eine kurze Meditation (siehe Seite 42 f.) anschließen.

**Dauer: Fangen Sie mit acht Runden an und dehnen Sie die Übung mit der Zeit auf 5 Minuten aus.**

*ALTERNATIV WOCHE 8:*
**BAUCHATMUNG MIT HOCHZIEHEN DES ATEMS IN DEN BRUSTKORB**

Legen Sie sich auf den Rücken. Legen Sie eine Hand mit der Handfläche nach unten auf Ihren Brustkorb. Ihre andere Hand legen Sie mit der Handfläche nach unten knapp unter den Bauchnabel.

2. Atmen Sie tief durch die Nase in den Bauch ein und tief aus dem Bauch durch den Mund aus, sodass sich der Unterbauch hebt und senkt. Wenn Sie flacher atmen, hebt sich nur Ihr Oberkörper.

3. Zählen Sie bei der Einatmung still und leise langsam bis drei (Ein: 1-2-3). Zählen Sie bei der Ausatmung ebenfalls langsam bis drei (Aus: 1-2-3). Wichtig ist, dass die Ein- und Ausatmung stets gleich lange dauern. Erhöhen Sie mit fortschreitender Übung die Zahl für die Ein- und Ausatmung auf sechs.

4. Wer weitergehen will, atmet tief durch die Nase in den Bauch ein und zieht den Atem dann hoch bis in den Brustkorb. Atmen Sie die ersten Male die Luft durch den Mund aus.

5. Dann lassen Sie auch beim Ausatmen den Mund geschlossen und atmen ausschließlich durch die Nase aus. Zuerst atmen Sie die Luft aus dem Brustkorb, dann die Luft aus dem Bauch aus. Achten Sie auch hier darauf, dass die Ein- und Ausatmung gleich lange dauern.

6. Zählen Sie hier bis acht oder zehn bei der Ein- sowie bei der Ausatmung (Ein: 1-5-8/10. Aus: 1-5-8/10).

7. Nach der Übung bleiben Sie ein paar Minuten mit geschlossenen Augen auf dem Rücken liegen und spüren Sie der Übung nach. Atmen Sie normal.

**Dauer: Üben Sie anfangs nur für ein paar Atemzüge. Weiten Sie die Übung dann auf 10-15 Minuten aus.**

## PRAXISÜBUNG WOCHE 8: LIEBE-GÜTE-MEDITATION (METTA-MEDITATION)

1. Sie können diese Meditation im Sitzen (siehe Seite 34 ff.) oder im Liegen üben. Wichtig dabei ist, Ihre innere Haltung. Praktizieren Sie diese Meditation mit der Intention der Güte, Freundlichkeit und Liebe in Ihr Leben zu holen.

2. Schließen Sie die Augen. Werden Sie still. Richten Sie Ihre Aufmerksamkeit auf den Atem. Nehmen Sie wahr, wie der Atem in den Körper und wieder herausströmt.

3. Sagen Sie innerlich zu sich selbst: *„Mir geht es gut. Ich bin glücklich und gesund und führe ein unbeschwertes, sorgenfreies Leben. Ich bin frei von Leid und Schmerz."* Verinnerlichen Sie diese Sätze, indem Sie sie immer wieder wiederholen. Erzeugen Sie durch

die Worte ein Gefühl der Güte gegenüber sich selbst.

4. Denken Sie an einen Menschen, der Ihnen nahesteht oder besonders am Herzen liegt. Dies können zum Beispiel Eltern, Kinder oder Freunde sein. Stellen Sie sich diese Person vor Ihrem geistigen Auge vor. Sprechen Sie innerlich für diese Person ebenfalls die oben genannten Sätze.

5. Denken Sie an einen Menschen, den Sie täglich sehen, für den Sie aber weder positive noch negative Gefühle haben, weil Sie ihn nicht wirklich kennen (wie beispielsweise den Postboten). Sprechen Sie für diese Person die oben genannten Sätze und senden Sie auch ihm damit liebende Güte.

6. Sehen Sie nun einen Menschen vor Ihrem inneren Auge, mit dem Sie nicht gut klarkommen, mit dem Sie einen Konflikt oder Probleme haben. Sprechen Sie innerlich auch für ihn dieselben Sätze. Wenn es Ihnen schwerfällt, erinnern Sie sich an Ihre Intention der Güte, Freundlichkeit und Liebe.

7. Ziehen Sie den Kreis der Menschen, die Sie in die Meditation einbeziehen noch weiter. Senden Sie allen leidenden Menschen Zuwendung und Anteilnahme.

8. Im letzten Schritt lassen Sie Ihr Gefühl der liebenden Güte alle Lebewesen auf dem Planeten umfassen: *„Möge es allen gut gehen. Mögen alle glücklich und gesund sein. Mögen alle ein unbeschwertes sorgenfreies Leben haben. Mögen alle frei sein von Leid und Schmerz."*

9. Kehren Sie zurück zu Ihrem Atem. Spüren Sie der Übung nach. Wenn Sie im Sitzen meditiert haben, können Sie sich jetzt für ein paar Minuten zurücklegen und entspannen.

**Dauer: 15 Minuten**

## Entfalten Sie Ihr volles Potential

**PRAXISÜBUNG WOCHE 8: SITZMEDITATION**

1. Der erste Schritt ist, sich seines Atems bewusst zu werden. Dafür legen Sie sich entspannt auf den Rücken. Schließen Sie die Augen. Atmen Sie durch die Nase und spüren Sie, wie Ihr Atem in den Körper und aus dem Körper strömt. Nehmen Sie wahr, wie sich der Bauch mit jeder Einatmung hebt und wie er sich mit jeder Ausatmung senkt. Kontrollieren und verändern Sie den Atem nicht.

2. Setzen Sie sich nun auf, in eine bequeme, aufrechte Position (Sitzpositionen, siehe Seite 34 ff.). Sie können sich auf einen Stuhl setzen oder auf den Boden. Wichtig ist, dass die Wirbelsäule gerade ist. Legen Sie die Handflächen auf den Knien ab. Entspannen Sie Ihr Gesicht. Sitzen Sie still mit geschlossenen Augen und atmen Sie bewusst. Lassen Sie den Atem fließen. Nehmen Sie wahr, wie der Atem in und aus dem Körper strömt.

3. Um die Konzentration auf dem Atem zu halten, sagen Sie sich nun innerlich mit der Einatmung *„Lass"* und mit der Ausatmung *„Los"* (Mantra aus dem Jivamukti Yoga). Alternativ zählen Sie bei der Einatmung (Ein: 1-2-3-4) und bei der Ausatmung (Aus: 1-2-3-4).

Wenn störende Gedanken, körperliche Empfindungen und Emotionen auftauchen, nehmen Sie diese wahr und lassen Sie sie gehen (so wie die Wolken am Himmel). Bringen Sie Ihre Aufmerksamkeit zurück zu Ihrem Atem.

4. Direkt im Anschluss daran, legen Sie sich für ein paar Minuten mit geschlossenen Augen flach auf den Rücken und spüren der Übung nach. Entspannen Sie sich.

**Dauer: 30 Minuten**

**INTEGRATION VON ACHTSAMKEIT IN DEN ALLTAG WOCHE 8:**

Führen Sie eine Handlung/Tätigkeit Ihrer Wahl achtsam aus.

## SCHLUSSWORT

Beobachten Sie, was im Rahmen der Achtsamkeitspraxis mit Ihnen geschieht.

Welche positiven Veränderungen können Sie bereits verbuchen?

Für manche Menschen kann es zur weiteren Vertiefung ihrer Praxis hilfreich sein, sich einer Gruppe anzuschließen und an Kursen teilzunehmen. Retreats, die über ein Wochenende, eine Woche oder über einen längeren Zeitraum gehen, können zusätzlich intensive Einblicke in die Welt der Achtsamkeit gewähren. Gruppen und Kurse bieten auch die Möglichkeit, sich mit Gleichgesinnten auszutauschen und die eigene Achtsamkeitspraxis weiterzuentwickeln.

Ich möchte an dieser Stelle bewusst davon absehen, Ihnen Kurse, Retreats oder Ähnliches vorzuschlagen.

In Indien wurde mir eine Weisheit zugetragen, die ich an Sie weitergeben möchte: *"When the student is ready, the teacher appears."*

Übersetzt bedeutet dies, dass der richtige Lehrer bzw. Lehrerin (im Folgenden zusammen „Lehrer") erscheint, sobald der Schüler (also der Achtsamkeitsübende) dafür bereit ist. Die Weisheit besagt auch, dass der Schüler selbst erkennt, wer der richtige Lehrer für ihn persönlich ist. So möchte ich es auch halten. Am besten begeben Sie sich im Internet auf die Suche nach einem geeigneten Lehrer, sprich Gruppe, Kurs, Retreat usw. oder fragen Familie, Freunde und Bekannte nach ihren Erfahrungen. Oft erzählen andere Menschen gerne von ihren positiven Erfahrungen mit Lehrern. Probestunden sind auch eine gute Möglichkeit, um herauszufinden, ob Ihnen der Lehrer zusagt. Wichtig ist, dass Sie dem Lehrer vertrauen. Können Sie ihn als Lehrer akzeptieren? Ist auch er sich seiner Verantwortung Ihnen gegenüber bewusst? Stellen Sie dem Lehrer die Fragen, die Ihnen am Herzen liegen, und schauen Sie, ob es passt.

Wenn Sie keine geeignete Gruppe finden, der Sie sich anschließen möchten, können Sie auch Ihre eigene Achtsamkeitsgruppe gründen, mit der Sie sich einmal in der Woche zu einer bestimmten Zeit treffen.

Bei Interesse beschäftigen Sie sich gerne zusätzlich mit Büchern oder Aufsätzen aus den Literaturempfehlungen und dem Quellenverzeichnis meines Buches. Schauen Sie, was Sie dort anspricht.

**Bei allem, was Sie tun, vergessen Sie nicht:**
**Bei der Achtsamkeitspraxis geht es eben nicht darum, irgendwo hinzukommen. Vielmehr ist der Weg das Ziel. Verlieren Sie nie Ihre Hingabe, Disziplin, Freude und Neugierde bei der Achtsamkeitspraxis.**

## LITERATUREMPFEHLUNGEN UND QUELLEN

**Argyle**, Michael, Alkema, Florisse, Gilmour, Robin, European Journal of Social Psychology, Volume 1, Issue 3, S. 385-402 (July/September 1971)

**Bopp**, Matthias, Braun, Julia, Gutzwiller, Felix, Faeh, David, for the Swiss National Cohort Study Group, Health Risk or Resource? Gradual and Independent Association between Self-Rated Health and Mortality Persists over 30 years, Institute of Social and Preventive Medicine (SPM), University of Zurich.

*http://communities.lawsociety.org.uk/Uploads/g/x/g/jld-resilience-and-wellbeing-survey-report-2017.pdf*

**Congleton**, Christina, Hölzel, Britta K. und Lazar, Sara W., Workout für das Gehirn, Stress: Zahlreiche Studien belegen, dass Übungen wie Meditation die Arbeitsweise des Gehirns verändern. Ein Überblick über die aktuellen Forschungsergebnisse und die wichtigsten Lehren für Berufstätige, Harvard Business Manager (Feb. 2015) *(http://www.harvardbusinessmanager.de/blogs/wie-achtsamkeit-und-meditation-ihr-gehirn-veraendern-kann-a-1016687.html, http://www.achtsamkeit-hd.de/wsm.html)*

**Friedman**, Gary, Inside Out: How Conflict Professionals Can Use Self-Reflection to Help Their Clients (2015)

**Galante**, Julieta PhD., Dufour, Géraldine MA, Vainre, Maris MA, Wagner, Adam P. PhD., Stochl, Jan PhD., Benton, Alice MSc, Lathia, Neal PhD., Howarth, Emma PhD., Prof Jones, Peter B. PhD., A mindfulness-based intervention to increase resilience to stress in university students (the Mindful Student Study): a pragmatic randomised controlled trial, University of Cambridge and National Institute for Health Research Collaboration for Leadership in Applied Health Research and Care East of England (Dec. 2017)

http://www.gallup.de/183104/engagement-index-deutschland.aspx

**Garcia**, Héctor, Miralles, Francesc, Ikigai, Gesund und Glücklich hundert werden

**Gilbert**, Paul PhD., Choden, Mindful Compassion: How the Science of Compassion Can Help You Understand Your Emotions, Live in the Present, and Connect Deeply with Others (2014)
**Gilbert**, Paul PhD., The Compassionate Mind: A New Approach to Life's Challenges (2010)
**Gilbert**, Paul PhD., Mitgefühl, Wie wir Mitgefühl nutzen können, um Glück und Selbstakzeptanz zu entwickeln und es wohl sein zu lassen
**Gilbert**, Paul PhD., Choden, Achtsames Mitgefühl, Ein kraftvoller Weg, das Leben zu verwandeln
**Gilbert**, Paul PhD., Psychology Today, CFT: Focusing on Compassion, The Next Generation CBT (2014)

**Goleman**, Daniel, EQ, Emotionale Intelligenz (1997)

**Halpern**, Charles, The Mindful Lawyer: Why Contemporary Lawyers Are Practicing Meditation, Journal of Legal Education, S. 641 ff. (April 2012)

**Hölzel**, Britta K., Brähler, Christina, Achtsamkeit mitten im Leben: Anwendungsgebiete und wissenschaftliche Perspektiven (2015)
**Hölzel**, Britta K., Carmody, James, Vangel, Mark, Congleton, Christina, Yerramsetti, Sita M., Gard, Tim, Lazar, Sara W., Mindfulness practice leads to increases in regional brain gray matter density, Psychiatry Research: Neuroimaging, Volume 191, Issue 1, S. 36-43 (Jan. 2011)

**Kabat-Zinn**, Jon, Gesund durch Meditation, Das große Buch der Selbstheilung mit MBSR (2011)
**Kabat-Zinn**, Jon, Im Alltag Ruhe finden, Meditationen für ein gelassenes Leben (2015)

**Kabat-Zinn**, Jon, Stressbewältigung durch die Praxis von Achtsamkeit (1999)

**Keeva**, Steven, Practicing from the Inside Out, Harvard Negotiation Law Review, S. 97 ff. (July 2002)

**Killingsworth**, M., Gilbert, D., A Wandering Mind is an Unhappy Mind. Science, 330 (6006), 932 (2010)

**Kohtes**, Paul J., Rosman, Nadja, Mit Achtsamkeit in Führung, Was Meditation für Unternehmen bringt (2014)

**Krill**l, Patrick R. JD LL.M.; Johnson, Ryan MA; Albert, Linda MSSW, The Prevalence of Substance Use and Other Mental Health Concerns Among American Attorneys, Journal of Addiction Medicine -Volume 10- Issue 1- S. 46-52 (Feb. 2016)

**Langer**, Ellen J., The Power of Mindful Learning, Da Capo Books, Boston (1998)
**Langer**, Ellen J., Mindfulness: Das Prinzip der Achtsamkeit: Die Anti-Burn-Out Strategie (2005)

**Magee**, Rhonda V., Life experience and cognitive science deepen the case for mindfulness in the law, 102 American Bar Association Journal (2016)
**Magee**, Rhonda V., Educating Lawyers to Meditate? UMKC Law Review, University of San Francisco Law Research Paper No. 2011-14 (2010)

**Riskin**, Leonard L., The Contemplative Lawyer: On the Potential Contributions of Mindfulness Meditation to Law Students, Lawyers, and their Clients, Harvard Negotiation Law Review, S. 1 ff. (July 2002)
**Riskin**, Leonard L., Mindfulness: Foundational Training for Dispute Resolution, Journal of Legal Education, S. 79 ff. (Jan. 2004)
**Riskin**, Leonard L., Knowing Yourself: Mindfulness, Honeyman,

Christopher/Schneider, Andrea K. (Hrsg.), The Negotiators Fieldbook: The Desk Reference for the Experienced Negotiator, American Bar Association, Washington, DC, S. 249 ff. (2006)

**Riskin**, Leonard L., Awareness in Lawyering: A Primer on Paying Attention, in: Silver, Marjorie A., The Affective Assistance of Counsel: Practicing Law as a Healing Profession, Carolina Academic Press, Durham, N.C., S. 447 ff. (2007)

**Riskin**, Leonard L., Awareness and Ethics in Dispute Resolution and Law: Why Mindfulness Tends to Foster Ethical Behavior, South Texas Law Review, S. 493 ff. (March 2008)

**Riskin**, Leonard L., Kormedy Lecture: Negotiation, Outside-In and Inside-Out: On the Level or Thereabout, 43 Ohio Northern University Law Review 399 (2017)

**Riskin**, Leonard L., Managing Inner and Outer Conflict: Selves, Subpersonalities, and Internal Family Systems, 18 Harvard Negotiation Law Review 1-69 (2013)

**Riskin**, Leonard L., Awareness and the Legal Profession: An Introduction to the Mindful Lawyer Symposium, 61 Journal of Legal Education 634-640 (2012)

**Riskin**, Leonard L., Annual Saltman Lecture: Further Beyond Reason: Emotions, the Core Concerns, and Mindfulness, Negotiation in 10 Nevada Law Journal 289 (2010)

**Riskin**, Leonard L., Dispute Resolution & Lawyers, 5th edition (with James E. Westbrook, Chris Guthrie, Richard Reuben, Jennifer Robbennolt & Nancy A. Welsh) (2014)

**Rogers**, Scott L., Mindfulness for Law Students: Applying the Power of Mindful Awareness to Achieve Balance and Success in Law School (2009)

**Rogers**, Scott L., The Six-Minute Solution: A Mindfulness Primer for Lawyers (2009)

**Rogers**, Scott L., Jacobowitz, Jan L., Mindfulness and Professional Responsibility, A Guide Book for Integrating Mindfulness into the Law School Curriculum (2012)

**Tan**, Chade-Meng, Search Inside Yourself (2015)

**Tindle**, HA, Chang YF, Kuller LH, Manson JE, Robinson JG, Rosal MC, Siegle GJ, Matthews KA, Optimism, cynical hostility, and incident coronary heart disease and mortality in the Women's Health Initiative, Aha Journals, 120 (8); 656-62. Doi: 10, 1161/CIRCULATIONAHA. 108.827642. (Epub August 2009)

**Toshimasa** Sone, Naoki Nakaya, Kaori Ohmori, Taichi Shimazu, Mizuka Higashiguchi, Masako Kakizaki, Nobutaka Kikuchi, Shinichi Kuriyama und Ichiro Tsuji: *Sense of Life Worth Living (Ikigai) and Mortality in Japan: Ohsaki Study*, Psychosomatic Medicine (Juli/August 2008), Band 70 (6), S. 709–715

*Anmerkung:

Ein Buch kann einen Lehrer/-in niemals ersetzen. Bei gesundheitlichen oder psychischen Problemen, ist vorher ein Arzt zu konsultieren. Es wird angeraten, Achtsamkeitspraktiken, wie bspw. Meditation und Yogaübungen, stets unter Anleitung eines qualifizierten, fachkundigen Lehrers bzw. Lehrerin zu erlernen und zu üben. Das im Buch veröffentliche Wissen einschließlich der Ratschläge, Übungen und Strategien wurde von der Autorin sorgfältig recherchiert. Alle Leser/-innen sind jedoch aufgefordert, selbst zu entscheiden, ob und inwieweit sie die Ratschläge, Übungen und Strategien aus diesem Buch umsetzen wollen. Autorin und Verlag übernehmen keine Garantie und keine Haftung. Auch für Resultate, Richtigkeit von Informationen, Angaben, Ratschläge, Übungen und Strategien sowie eventuelle Druckfehler wird keine Garantie und keine Haftung übernommen.

# Entfalten Sie Ihr volles Potential

Entfalten Sie Ihr volles Potential